KB203471

포교열전

수행이 곧 포교이며

포교가 곧 수행이라는 믿음으로

법을 전하는 사람들의

수행 이야기

포교열전 1
바람은 그물에 걸리지 않는다

초판1쇄 인쇄 2018년 2월 26일
초판1쇄 발행 2018년 3월 5일

엮은이 | 대한불교조계종 포교사단
펴낸이 | 남배현

기획 | 모지희
책임편집 | 박석동
편집 | 최호승

펴낸곳 | 모과나무
등록 2006년 12월 18일 (제300-2009-166호)
주소 | 서울시 종로구 종로19, A동 1501호
전화 | 02-725-7011
전송 | 02-732-7019
전자우편 | mogwabooks@hanmail.net

디자인 | 동경작업실

ISBN 979-11-87280-24-8 (03220)
이 도서의 국립중앙도서관 출판예정도서목록(CIP)은
서지정보유통지원시스템 홈페이지(http://seoji.nl.go.kr)와
국가자료공동목록시스템(http://www.nl.go.kr/kolisnet)에서
이용하실 수 있습니다.(CIP제어번호: CIP2018006364)

모과나무 (주)법보신문사의 출판 브랜드입니다.
지혜의 향기로 마음과 마음을 잇습니다.

포교열전
布教列傳
1

바람은 그물에
걸리지 않는다

모과나무

최상의 수행은
불조의 언행으로
자신을 물들이는 것이요

최상의 포교는
불조의 언행으로
타인을 물들이는 것이다

혜암성관慧菴性觀(1920~2001)

한국불교의
희망을 봅니다

종교 인구가 줄었다고 합니다. 불자는 더욱 줄었다고 합니다. 한국 불교의 희망은 없다는 말까지 들립니다. 하지만 결코 "아니오"라고 말씀드리고 싶습니다. 사찰의 핵심 신도이자 수행하는 불자인 포교사布教師가 있기 때문입니다.

포교사 여러분은 바쁜 경쟁사회에서 기꺼이 자기 지갑 열어 활동비 내고, 자기 시간 쪼개 군부대로 복지관으로 교도소로 장례식장으로 달려가는 사람들입니다. 한국불교의 희망이자 대한불교조계종의 자랑입니다. 가슴에 포교사의 사명을 새기고 정직한 땀으로 결실 거두는 농부의 마음으로 부처님께서 부촉한 법륜法輪을 힘차게 굴리고 계십니다.

부처님께서는 이렇게 말씀하셨습니다.

수행하는 사람은 마치 나무가
물 흐름에 따라 흘러가는 것과 같다.
양쪽 기슭에 걸리지 않고,
소용돌이에 빠지지 않고 썩지 않으면
나는 이 나무가 틀림없이
바다에 들어갈 것을 보장한다.

썩은 나무는 가라앉습니다. 물에 뜨는 나무가 개천을 따라 흐르고 흘러, 강을 지나 바다로 갈 수 있습니다. 깨달음 혹은 기도를 성취하는 일이고 궁극적으로 행복을 이루는 것입니다. 수행하는 마음 자세, 기도의 원력願力이 없으면 썩은 나무입니다.

'수행이 곧 포교, 포교가 곧 수행'이라는 기치로 포교사들은 정진하고 있습니다. 한국불교의 외호신장外護神將으로서 또 스스로 수행자로서 하루하루 최선을 다해 살아가고 있습니다. 몸이 아파 어려울 때도 있고 바쁜 일상을 핑계로 쉬고 싶다는 생각에 사로잡히거나 수많은 번뇌망상으로 수십 번 다른 마음이 들기도 합니다. 그러나 포교사들은 묵묵히 전법 현장에서 부처님 가르침을 몸과 마음으로 실천하며 많은 이들에게 전파하고 있습니다.

　포교사는 전법하고자 서원한 사람들입니다. 전법 현장에서 겪는 생생한 체험과 자신의 원력과 신심을 우리는 잘 모르고 있었습니다. 이제 당당하게 포교사로서 불자로서의 삶을 드러내십시오. 삶과 신행, 수행이 괴리된 불자들 모습은 젊은 세대에게 불교의 매력을 어필할 수 없지만 포교사는 다릅니다. 포교사 한 사람한 사람의 삶이 21세기를 살아가는 이들에게 또 하나의 불교경전이라고 감히 말씀드립니다.

　수행으로 지혜를 닦고 자비심을 증장시켜 실천으로 행하는 포교사들이 바로 신행 혁신이자 '붓다로 살자'이며 대승불교의 참신행 그 자체입니다. 스스로가 부처님 삶을 살 수 있다는 무한한 가능성을 믿고 신행을 펼쳐나가야 합니다.

　포교는 자신을 성불의 길로 안내하는 길잡이라는 확신을 갖고 어떤 난관이라도 이겨나가는 불퇴전의 보살 정신이 필요합니다. 무지개는 태양의 반대편에서 뜨고, 연은 바람이 강할 때 오히려 더 높은 하늘로 올라갑니다.

　그래서 《포교열전布教列傳》은 참 소중한 인연이고 보물입니다.

불교경전과 다름없습니다. 한국불교의 희망이라고 격려하고 싶습니다.

　법을 듣지 못하면 퇴보하겠지만 들으면 분명 진리를 깨달을 사람들이 많습니다. 그래서 포교사들은 많은 사람들의 이익을 위해 행복을 위해 세상을 불쌍히 여겨 두 사람이 아닌 혼자서 전법의 길을 떠납니다. 바다로 향하는 그 길에 포교원과 늘 함께합시다.

대한불교조계종 포교원 원장
지홍 합장

그윽한 난초 같은
이 시대의 부처님들께

감히 '난초'라는 표현을 해봅니다. 대한불교조계종 포교사단은 명실상부 한국불교를 견인하는 재가불교의 구심점입니다. 그리고 개인 신행에만 머무르지 않고 전국 각지 각 분야에서 전문적인 전법에 나서는 이들이 포교사들입니다. 그윽한 난초는 냄새를 맡아줄 사람이 없다고 해서 그 향기를 멈추지 않습니다. 5,000여 포교사들이 그렇습니다.

군포교, 사찰문화 해설, 어린이, 청소년, 염불 포교, 지역 봉사, 교정교화 등 각 팀에 소속된 포교사들은 현장에서 겪는 무수한 어려움을 극복하고 전법에 임하고 있습니다. 반면 포교사들의 노고는 잘 알려지지 않았습니다. 1년에 한 번 팔재계수계실천대법회 혹은 포교대상, 포교사의 날 등 포상으로 격려를 하고 있지만 노고에 비해 부족한 것도 사실입니다.

그래서 불교전문지 법보신문에 〈포교사의 하루〉라는 수행기를 연재하기 시작했습니다. 스님과 일반인들의 가교 역할을 하거나 스스로 부처님 법을 실어 나르는 포교사들의 일상을 함께 나누고자 했습니다. 포교사들의 원력과 신심에 공감하고 재발심하는 계기를 삼고자 합니다.

단단한 신심과 원력이 신문 지면을 통해 소개됐습니다. 새벽마다 사찰의 모든 전각을 돌며 기도를 이어가는 포교사, 병마를 이기고 남을 돕기 시작한 포교사, 사업 실패 등 큰 시련에도 부처님 법에 의지해 법등을 밝히고 있는 포교사, 한 명도 오지 않은 법당에서도 목탁을 두드리고 예불 올리며 전법 원력을 다시 새긴 포교사 등등. 곁에 있었지만 현장에서 마주치기도 했지만 잘 몰랐던 포교사들의 빛나는 마음들을 알게 됐습니다. 신문에 연재되고 다시 기억 저 편으로 사라지면 안 된다는 생각으로 이렇게 감동적인 사연들을 다시 한 번 세상에 알리고자 엮은 책이 바로 《포교열전》입니다.

어느 시인의 노래처럼 대추가 절로 붉어지진 않습니다. 태풍 몇 개 지나가고, 천둥 몇 번 내리치는 인고의 세월을 거쳐 붉게 익어갑니다. 어두운 세상에 법등 하나 들고 한없이 가야 하는 포교의 길입니다. 발길 닿는 구석구석마다 불법을 펴고 중생을 위한 발원으로 밤을 지샙니다. 그 외로운 구도자이자 진리를 전하는 이가 포교사입니다. 사찰, 군, 어린이청소년법회, 교도소, 병원 등 부처님 가르침이 필요한 곳에서 묵묵히 법향을 피워내는 포교사들이야말로 이 시대의 부처님입니다.

포교사들을 보면서 부처님 가르침을 올바르게 믿고 실천하는 '붓다로 살자' 신행문화를 되새깁니다. 포교사단은 포교사들이 스스로 수행하며 쌓은 지혜와 복덕을 전법으로 회향하는 데 부족함이 없도록 노력하겠습니다. 다시 한 번 5,000여 포교사들의 그윽한 법향에 존경을 표하며 감사의 말씀 전합니다. 이 책이 포교사들의 큰 노고에 작은 격려가 되고 전법의 길을 나서려는 이들에게 마중물이 되길 기원합니다.

대한불교조계종 포교사단 단장
대혜 윤기중 합장

차례

제2부 | 어떻게 살 것인가

제3부 | 다만 할 뿐이다

제4부 | 사람을 물들이다

일러두기

1. 이 책은 법보신문에 연재한 신행수기 〈포교사의 하루〉 내용을 다듬어 만들었습니다.
2. 글의 순서는 글쓴이 이름의 가나다 순서에 따랐습니다.

제1부

나는 누구인가

소박한 원

진여행 강금림

제주 지역단 제주시 총괄팀장

"깊고 오묘한 말씀. 백천만겁이 지나도 만나기 힘든데 나 이제 보고 듣고 받았으니 부처의 진실한 뜻 알겠습니다."

　1998년 따뜻한 봄날이었다. 친정어머니 권유로 부처님과 인연을 맺은 지 어느덧 올해로 20년이다. 부처님 말씀처럼 아득히 먼 옛날부터 맺어진 부처님과의 선근이 이제야 그 인연을 만났다 생각하니 입가에 미소가 잔잔히 번진다. 절에 발을 디딘 인연은 내 나이 스무 살, 할머니와의 사별이었다. 수학여행 때 불국사를 가본 뒤 처음이었다. 사십구재를 지낸다고 해서 절에 갔다. 전혀 낯설지가 않고 어딘가 모르게 정감이 갔다. 사십구재 내내 산사의 정적을 깨우는 목탁 소리와 잔잔하게 들려오는 스님의 염불 소리에 내 마음이 정말 편안해졌다. 그렇게 좋을 수가 없었다. 부처님 미소며 스님의 염불 소리며 목탁 소리가…. 돌이켜보니 참 기특하다. 왜 그때 막연하게 어머니 나이가 되면 절에 꼭 다녀야겠다고 생각했을까.

선연은 두터웠다. 행복의 길이었다. 조계종 제23교구본사 관음사觀音寺에서 기초교리 공부를 한다는 소식을 친구에게 들었다. 1998년 5월 '관음불교학교' 3개월 과정을 수료했다. 석 달 불교 공부는 새로운 불법 세계를 만날 수 있는 과정으로 나를 인도해주었다. 이후 관음사 신행단체 〈연화법회〉에 가입하여 신행과 봉사 활동을 했다. 부처님오신날에는 가족들과 함께 새벽예불에 동참하고 사찰 봉사활동을 했다.

2000년에 제주불교문화대학이 설립되면서 입학했고, 부처님과 인연은 더욱 견고해졌다. 교육 과정 중 관음사에서 진행된 1박 2일 여름 철야정진이 있었다. 백팔배도 겨우 하는 내가 과연 1080배를 할 수 있을까 하는 생각이 들었다. 그래도 자신에게 화두를 던지면서 부처님만 믿고 무조건 1080호 반야용선般若龍船에 올랐다.

대웅전 앞마당 부처님 사리탑 앞에 자리를 정돈하고 도반들과 함께 1080배에 들어갔다. 고요함을 깨우는 죽비 소리. 70여 명 도반의 관세음보살 정근에 산사의 적막이 깨어나기 시작했다. 100

배, 200배… 어느덧 송골송골 땀방울이 맺히기 시작했다. 500배가 지나자 온몸이 마비되는 것 같았다. 700배가 지났을까, 무아지경에 이른다. 아무 생각도 없었다. 아픔, 눈물, 회한…. 절을 하면서 끊임없이 내가 사라졌다. 관세음보살 정근도 잊었다. 끝이 났다는 신호가 들렸다. 좌복에 오체투지한 채 뜨거운 눈물이 앞을 가렸다. '부처님! 제가 정말 1080배를 했습니까?!'

《천수경》을 외워보자 다짐하면서 열심히 새벽기도에 임했다. 새벽 3시에 일어나 도반 언니와 만나 관음사로 향하는 날이 이어졌다. 《천수경》을 암송하기 위해 부분별로 출력을 해서 싱크대와 화장대에 붙여놓고 오며 가며 읽었다. 다라니 부분은 녹음해놓고 운전하거나 걸어 다니면서 틈만 생기면 들었다. 어느 순간부터 《천수경》이 들어오기 시작했다. 백일기도 80일쯤 지났을까 관음법요집 《천수경》 내용이 눈앞에 펼쳐졌고 곧 완전히 습득했다. 그때의 즐거움과 환희심 그리고 뜨거운 눈물…. 부처님 앞에 엎드려 정말 많이 울었다.

큰아이 수능 기도 입재를 하면서 이렇게 발원했다. "부처님, 착한 인연 세상에 나와 처음으로 수능 입시라는 큰 관문을 맞이했습니다. 열심히 공부한 만큼 실수 없이 능력 발휘하여 원하는 대학에 가서 열심히 공부해서 이 사회에 회향할 수 있는 좋은 인연 맺게 하소서. 남은 생 열심히 부처님 일을 하겠습니다."

수능 한 달쯤 전 관음사에서 도반과 1박 2일 삼천배 정진에 들어갔다. 도반 언니의 죽비 소리와 백팔염주 돌리며 절하는 내 염불 소리 '관세음보살'만 드문드문 들렸다. 태어나 처음으로 삼천배라는 관문을 통과했다. 그리고 포교사의 길이 기다리고 있었다.

"포교사 시험 준비하는 공부가 있는데 같이 하면 어때?"

2004년 여름이었다. 관음사 불교 합창 연습을 하러 갔던 보현사 교육관에서 도반 언니가 권유했다. 부처님 공부라는 말에 백일기도할 때 부처님 일 열심히 하겠다는 원이 떠올랐다. 망설이지 않았다. 《부처님 생애》를 읽고 또 읽었다. 여러 번 읽을수록 중생을 향한 부처님의 자비가 얼마가 깊고 넓은지 알게 됐다. 알면 알수록 눈물 흘리는 횟수도 늘어갔다.

아직도 기억이 또렷하다. 2005년 2월, 김천 직지사에서 포교사 품수를 받았다. 제주도 지역에서 10기 일반포교사 16명이 탄생했다. 서귀포에서 이미 20여 명의 선배 포교사들이 활동 중이었다. 제주 지역 포교사가 30여 명이 되면서 '서울경기 지역단 지역봉사 3팀'이 조직됐고, 제주총괄팀, 제주직할팀을 거쳐 2015년 6월 제주 지역단으로 거듭났다. 지역봉사3팀 총무가 포교사로서 내 첫 소임이었다.

포교사가 된 그해 10월 제주방어사령부 해봉사와 인연을 맺었다. 당시 아들도 군복무 중이라 그런지 모두 아들처럼 느껴졌다. 장병들이 해봉사에서 편히 쉴 수 있는 시간을 만들었다. 나를 찾아가는 시간, 좋은 관계 맺기, 부모님께 감사 편지 쓰기 등 다양한 프로그램도 진행했다. 제주군팀장을 역임하면서 10년 넘게 인연을 이어왔다.

사찰 밖 포교사 소임 외에 사찰 내 소임에도 충실하고 있다. 제주불교문화대학 사무국 소임을 살았고, 불교대학 지도법사를 도와 입학생들이 부처님 공부를 잘 하도록 지원했다. 포교사 품수 뒤 불교대학 수련회에서 봉사를 많이 했던 경험도 있었고 꼭 해보고 싶던 일이었다. 부처님 법을 공부하고 싶어 절에 온 초심자들에게 어떻게 하면 불교와 친해질 수 있을까 고민하면서 친절하게 설명하는 데 최선을 다했다. 2009년 신입생 모집 때에는 졸업생들이 입소문을 내고 홍보도 해줘서 신문 광고도 내기 전에 접수가 마감되기도 했다. 그렇게 4년 동안 제주도 최고 불교대학으로 자리매김하도록 노력했다.

당시 템플스테이는 걸음마 단계였다. 불교대학 졸업생과 신행단체를 대상으로 조금씩 프로그램을 운영했다. 한계가 있었다. 관음사 소임을 놓고 2년 동안 새로운 공부에 도전했다. 동국대 평생교육원에 입학해 마인드힐링 지도자과정을 수료했다. 지도교수 조언으로 숲 명상 프로그램을 위해 제주도의 자연환경해설사 자격증 과정을 공부했다. 그러던 중 2014년 2월 내게 다시 부처님 일을 할 수 있는 기회가 찾아왔다. 제주 금룡사 주지스님이 템플스테이 프로그램실을 조성해놓고 인연을 찾고 있었다. 일을 맡으면서 한국불교문화사업단 템플스테이 예비 사찰로 선정되고

2016년 2월 지정 사찰 합격통지서를 받았을 땐 정말 기뻤다. 불모지에서 이뤄낸 큰 성과였기 때문이다.

부처님과 인연 맺고 20여 년이 지났다. 소박한 원이 몇 개 생겼다. 이젠 전문포교사로서 제주 지역단 제주시총괄팀장을 맡고 있는데 지역단 포교사의 역량을 키우는 일이 그중 하나다. 팀 활동에 필요한 프로그램들을 진행하는 지도자로서 실력을 갖추도록 돕고 싶다. 금룡사 템플스테이를 제주도 최고 프로그램으로 만들고자 하는 원도 있다.

그리고 현재 제주도교육청과 진행하는 특별교육 사업도 지속시키고 싶다. 주변에서 청소년 특별교육 프로그램 진행은 힘들다고 말렸지만 청소년 4명과 5일 동안 프로그램을 진행하면서 용기를 얻었다. "한 아이도 포기할 수 없다"는 교육감 말씀이 마음에 남는다. 학교에 적응하지 못하는 아이들을 위한 전문 프로그램을 금룡사에 만들고 싶다. '청소년 마음정원 가꾸기' 전문 힐링 프로그램을 진행하는 대안학교를 만들어, 마음이 아프고 힘든 청소년들이 잠시 쉬어가는 '행복한 부처님의 보금자리'로 가꾸고 싶다.

포교사들이 왕성하게 전법할 수 있도록 적극적이고 계획적인 템플스테이 봉사활동 기획도 실행하고자 한다. 이 원이 이루어지는 그날까지 열심히 공부하면서 정진 또 정진하겠다.

부끄럽지 않은 길

자광 강대후

전북 지역단 군포교3팀

돌이켜보면 부처님과 인연은 자연스러웠다. 어머니는 집 인근에 있는 사찰을 다니셨다. 어머니 손을 잡고 부처님 도량에서 삼배를 올리고, 점심 공양을 먹고, 경내서 놀다가 집에 돌아오는 게 다반사였다. 노는 게 좋았던 어린 시절이었다. 부처님의 가르침이 무엇인지, 스님들이 누구인지 아무것도 몰랐던 아이였다.

그렇게 생각하면 본격적인 불연佛緣은 고등학교에 입학하면서부터라고 할 수 있다. 아마 어머니께서 심어 놓은 불연의 씨앗이 내 머리가 좀 굵어지니 싹튼 것 같다.

학교 옆에 있는 절에 틈틈이 가서 여기저기를 둘러보았다. 마침내 용기를 내서 스님에게 다가갔다.

"이 절에 다니고 싶은데요. 어떻게 하면 될까요?"

"참 대견한 학생이네요. 젊은 학생이 절에 다니겠다고 스스로 찾아왔네요."

스님은 빙긋이 웃으시며 계속해서 말을 건네셨다.

"마침 우리 절에는 학생회가 있어요. 매주 토요일에 법회가 있으니까 와서 체험해보세요. 부처님도 맹목적으로 그분의 가르침을 믿으라고 하지 않았어요. 와서 보시고 공부하고 생활하면서 부처님의 가르침이 얼마나 수승한지 알아보세요."

무작정 믿고 따르라는 게 아닌, 와서 보고 느낀 다음 결정하라는 그 말씀이 인상적이었다. 스님의 권유로 고등학교 3년 내내 학생회에 다녔다. 학생법회에 나가며 부처님 가르침을 배우고 수련회 등을 통해 조금이나마 부처님께 다가갈 수 있었다. 대학에 진학하면서부터 게을러 절에 자주 가지 않기 전까지는 그랬다.

부처님이 나를 그 품으로 이끌어주셨다. 불교는 군복무 중에 우연이라는 이름으로 다시 내게 인연의 손을 내밀었다. 당시 포병을 지원하는 부대에서 군복무를 하고 있었는데 부대 특성상 연대본부와 우리 부대가 같이 생활했다. 당시 부대 안의 종교는 개신교뿐이었다. 군종장교인 목사와 교회만 있었기 때문에 일요일이면 교회에 나가서 예배를 해야만 했다.

그러던 중에 연대본부에 있던 한 사병을 알게 됐다. 그는 신심이 돈독한 불자였다. 서울 조계사를 다니던 불자라고 했는데 신심이 깊었다. 내 사연을 알게 된 그 사병은 내게 일요법회를 건의했다. 그렇게 우리는 법회를 추진해보자고 상의했고, 법당은 아니었지만 군종장교(목사)를 통해 불교법요집을 조금이나마 구할 수 있었다. 종교 활동 시간에 내무반 한쪽을 사용할 수 있도록 허락을 받았고, 번갈아 가면서 연대본부와 우리 부대 내무반에서 조촐하게 일요법회를 진행했다. 군법사나 법당도 없는 상황에서 종교행사를 한다는 게 결코 쉬운 일이 아니었다. 그때 우리는 고작 일병과 상병에 불과했다. 고참들 시선이 곱지 않았다. 그 무렵 1주일 동안 군종병 교육을 속초 신흥사 포교당에서 받을 수 있는 기회가 찾아왔다. 교육을 수료하고 다시 법회 진행에 따른 전반적인 사항을 습득하고 부대에 돌아와 고민을 시작했다.

부처님이나 부처님 가르침에 관심이 있다기보다 교회에 가기 싫어서, 내무반에서 열리는 법회라 멀리 이동하지 않아서 법회에 나오는 사병이 주류였다. 법회 유지가 참 어려웠다. 결국 목사님을 다시 찾을 수밖에 없었다. 군종장교였던 목사에게 불자로서 종교는 다르지만 종교인으로서 현실을 설명했고 도움을 청했다. 다행스럽게 한두 달에 한 번만이라도 사찰을 방문할 수 있게 됐다. 그렇게 군복무를 마치고 제대하면서 대학에 복학했다.

불교와는 멀어진 직장인으로 한 집안의 가장으로서 정신없이 살았다. 고맙게도 뒤늦게 다시 마음을 다잡게 됐다. 부처님 가르침에 목말랐다고 해야 더 정확하다.

유서 깊은 천년고찰을 만났다. 잊고 있었던 부처님을 향한 마음이 우연하게 돌아온 계기였다. 다시 부처님 가르침을 배우고자 문을 두드렸다. 여느 사찰과 크게 다르지 않았다. 또래보다는 나이 지긋한 노보살님이 대다수였다. 지극하게 기도하며 정진하시는 모습에 감동했다. 하지만 내겐 다른 게 급했다. 메마른 내 마음에 단비를 내려 적셔줄 법비가 필요했다.

나만 살피는 게 아니었다. 베풂이라는 자비와 보시행의 방법론을 배우고, 더욱 체계적이고 실천적인 부처님 가르침을 제대로 알아야겠다고 생각했다. 부처님 가르침은 반드시 그러하리라 굳게 믿었다. 궁금증과 의구심은 불교대학에 입문해 하나둘씩 배워가면서 해소됐다. 그리고 불교대학 졸업 뒤 포교사가 됐다.

자비는 자慈와 비悲 두 낱말의 합성어이다. 자는 사랑하는 마음으로 중생에게 즐거움을 주는 것이며, 비는 불쌍히 여기는 마음으로 중생의 고苦를 덜어주는 사랑이다. 이기적인 탐욕을 극복해야만 발휘되는 고결한 마음이기도 하다. 보시는 진리 등을 힘닿는 데까지 베푸는 행위다. 어떤 조건이나 아상我相을 내세운다면 참다운 자비가 될 수 없다. 차별이나 조건 없이 행하는 보시가 될 때 자타불이自他不二와 동체대비同體大悲가 가능하다. 이렇게 수승한 가르침이 어디 있겠는가. 특히 자비는 나와 중생이 결코 둘이 아니라는 자타불이를 체득하고 모든 중생이 마음속 부처님을 발견하도록 끝까지 돕는 것이니, 가슴이 벅차오른다.

　포교사로서 불자로서 군법당, 노인일자리센터 등을 방문해 활동했다. 지난 몇 년간 봉사활동을 많이 해오면서 느낀 점을 회고해본다.

　난 평범한 직장인이다. 여느 직장인과 마찬가지로 아침에 출근해 컴퓨터를 켜면서 하루 일과를 시작한다. 하지만 난 포교사다. 아침 시간에 잠깐이나마 삼귀의三歸依에 이어《반야심경般若心經》을 봉독하고 마음가짐을 챙겨본다. 이 시간이 얼마나 안정감을 주는지 실천해보지 않은 사람은 알 수 없다.

　주위를 돌아보면 참 열성적으로 포교를 하시는 분들이 있다. 정말 존경스럽다. 직장일을 핑계 삼았지만 나는 그렇게까지 활동하기 어려웠다. 그러나 포교가 곧 수행이라 했듯이 내게 주어진 일들을 묵묵히 실천해가는 것도 곧 수행이 아닐까 생각해본다.

　지난 번 인구주택총조사에서 불교 인구가 약 300만 명 감소했다는 소식에 놀랐다. 어떻게 보면 충격적인 결과지만 현실을 살펴보면 이해가 가는 부분도 있다.

　난 화엄불교대학 및 학림원 과정을 졸업했다. 그리고 포교사의 길을 가고자 포교사가 되었다. 하지만 포교사로서 활동을 한다는 것은 쉽지 않았다. 새로 취임한 총동문회 회장님 보좌 역할을 맡고 있는 사무국장으로서 안타까운 현실을 많이 보게 되었다. 많은 불자들이 불교대학을 졸업하고 불자의 길을 걸어가지만, 포교사가 되고 신행 활동을 하는 분들은 극소수였다. 그래서 형식적이었던 동문회를 활성화시킨 현 동문회장님에게 찬사를 보내고 싶다. 기수별 모임을 유도하여 불교대학을 졸업한 분들이 이후에도 적극적으로 참여할 수 있는 동기를 부여했기 때문이다. 기수별 회장단을 동문회 이사로 추대하여 월례회의를 통해 참여 기회를 넓히고 의사소통의 자리도 만들었다. 이렇게 서로 도반이 되어주고 불자로서의 길을 가는 것이 참불교가 아닌가 한다. 신규 불자들을 포교하고 안내하는 일도 중요하지만 기존 불자들이 신심을 더 증장시킬 수 있도록 서로 격려도 하고 안아주는 내부 포교에도 많은 신경을 써야 한다고 생각해본다.

더욱 자신을 무장하려고 한다. 일반포교사에 머물지 않고 전문포교사가 되는 길에 첫발을 내디뎠다. 부처님의 제자로서, 불자들의 모범이 돼야 할 포교사로서, 사찰의 핵심 신도로서 부끄럽지 않은 길을 걷고 싶다.

나는 포교사다

혜안 강 신

경남 지역단 홍보전략팀

새벽 5시. 조용히 일어나 불단에 촛불을 밝히자 어둠은 순식간에 사라진다. 따뜻한 빛이 관세음보살상 주위를 감싼다. 다기에 청수를 담아 올리면서 마음속으로 발원한다.

청정수를 올리오니 감로의 차로 변하옵고

삼보전에 올리나니 원컨대 자비로서 애틋하게 받으소서

我今淸淨水 變爲甘露茶 奉獻三寶前 願垂哀納受

향연香煙이 허공을 향해 가늘게 흔들리며 춤추듯 승천을 시작하고 나는 좌복에 이마를 조아리며 일 배에 일 배를 더해간다. 조계산 송광사로 마음의 출가를 하던 날부터 시작한 백팔배는 13년의 시간을 지나다 보니 이제는 습習이 되었다. 처음 백팔배를 시작했을 때에는 후들거리는 다리 때문에 제대로 걸음을 걷지 못했는데 이제는 천배도 거뜬히 한다. 고두배로 절을 끝내고나면 허리를 곧추세우고 앉아 조용히 눈을 감는다. 그리고 화두를 잡는다. 포교사~!

내가 붙잡고 있는 화두는 포교사이다. 눈 밝은 선지식으로부터 부여받은 화두는 아니지만 부산 금정중학교에서 제14기 포교사고시를 치르고 김제 금산사에서 열린 제7차 팔재계수계실천대법회에서 포교사로 품수를 받으면서 스스로 정한 공안公案이다. 그날 이후 포교 현장은 물론 생활 속에서 말 한마디를 하면서도 포교사로서 어울리는지, 무심코 저지른 행동 하나로 많은 포교사들에게 누를 끼치지는 않는지 화두를 통해 스스로를 점검하게 되었다. 덕분에 다른 사람의 마음을 다치게 하는 날카로운 말들이 줄어들었고 행동 하나도 조심하게 되었다.

포교사 품수를 받고 처음 뛰어든 곳은 공군교육사령부 충국성불사이다. 훈련병들에게 부처님 말씀을 전하는 일이었다. 포교사 동기로 공군에서 43년을 근무하다 전역한 선배님과 지금은 출가하여 운문사 강원에서 열심히 정진하고 계신 비구니 스님, 이렇게 셋이서 장병들과 처음 만났다. 나는 매주 수요일 저녁 7시에 부사관 후보생들과 특기병을 대상으로 부처님의 생애와 기초교리에 대해 컴퓨터로 발표자료를 직접 만들어 젊은이들의 입맛에 맞게 프레젠테이션하다보니 나름 인기가 있었다. 회사일로 두어 번 빠진 것 외에는 5년이란 세월을 그렇게 얼룩무늬 제복의 젊은이들과 함께 생활했다.

포교가 곧 수행이라고 했듯이 그들과 함께한 시간은 그들에게 부처님 말씀을 전했다기보다 내 공부가 수승해지는 소중한 시간이었다. 훈련병 한 사람 한 사람이 나를 공부시키는 선지식이었음을 나중에 알게 되었기 때문이다. 그들은 백억화신으로 나투신 부처님들로 어떤 날은 문수보살로 어떤 날은 보현보살로 나에게 말없는 설법을 전하고 계셨다.

그중에서 두 번이나 내 곁에 직접 오셔서 지혜를 가르쳐주신 문수보살님을 지금도 잊지 못한다. 어느 날 법회가 끝나고 언제나처럼 질문할 것이 있냐고 물었다. 그런데 부사관 후보생 무리에서 한 사람이 "번뇌가 뭡니까?" 하며 질문을 던졌다. 순간 당황해서 얼굴이 화끈 달아올랐다. "번뇌가 무엇인지 물었나요?" 하며 시간을 끌려고 일부러 되물으면서 머릿속에서는 어딘가에 저장되어있을 번뇌에 대한 정보를 찾느라 탐색 기능이 가동되었다.

"여러분들이 입대하려고 이곳에 오면서 차창 밖으로 지나간 많은 풍경들을 봤겠지만 모두 기억하지는 못할 것입니다. 그러나 그가운데 가로수 밑을 걷는 예쁜 아가씨를 보는 순간 머릿속에서 무수한 생각들이 일어납니다. 학생일까? 나이는 몇 살일까? 애인은 있을까? 차가 출발했건만 생각은 꼬리에 꼬리를 물고, 그 생각에 끌려가는 바람에 눈앞의 현실은 까마득히 잊어버리고 버스에서 내려야 할 곳을 지나쳐 낭패를 당하는 것. 나는 이것을 번뇌라고 생각합니다.”

순간적으로 답은 했지만 등골을 타고 서늘한 바람이 지나간 듯했다. 이때가 처음 문수보살님을 친견한 날이다. 두 번째 문수보살님도 질문으로 다가왔다. “자비와 사랑은 어떻게 다른가요?” 질문의 숨은 의도는 불교가 좋으냐 아니면 이웃 종교가 좋으냐 하는 것이다. 자비가 사랑보다 더 좋다는 것을 말해야 한다는 부담감이 확 밀려왔다. 상대를 깎아내리는 네거티브전략은 당장 기분 좋을지 몰라도 실제 효과는 반감된다. 잠시 생각을 하다가 조심스럽게 답했다.

“사랑과 자비는 크게 보면 같다고 할 수도 있습니다. 굳이 구별해야 한다면 사랑은 조건부이고 자비는 무조건입니다. 사랑은 나를 사랑했을 때 나도 그를 사랑하는 것이라고 한다면, 자비는 그가 나를 사랑하지 않아도 나는 그를 사랑하는 것입니다. 마치 여름날 내리는 비가 큰 나무 작은 나무 가리지 않고 뿌리는 것과 같습니다. 다만 스스로의 근기에 따라 큰 나무도 되고 작은 나무가 되는 것일 뿐입니다. 사족을 단다면 나를 사랑하지 않는다고 해서 최소한 미워하지는 않는 그것이 자비라고 생각합니다.”

내가 답을 하고도 스스로 대견스러웠다. 법회 뒤 공군교육사령부 화엄 스님께 "배우지도 않은 말들이 쏟아져 나옵니다"라고 말씀드렸다. 스님께서 "그러니까 보살이지요" 하며 담담히 답하셨다. 지혜와 자비는 비익조의 날개와 같고 수레의 양쪽 바퀴와 같다고 했다. 어느 한쪽을 버릴 수 없고 양립해야만 비로소 완전해진다는 가르침이다. 그 가르침 받들어 매주 수요일에는 문수보살 화신이 되어 공군교육사령부 법당에 나투고, 매월 둘째주 금요일은 보현보살 화신이 되어 진주시장애인복지관에 나투어 동체대비 보현행을 실천했다.

봉사하는 날에는 회사에 하루 휴가를 냈다. 사유로 '장애인복지관 봉사활동'이라고 당당하게 적었다. 동료들은 그런 나를 처음에는 종교에 심취한 이상한 사람으로 봤다. 하지만 1년, 2년, 3년이 지나면서 인정해주고 격려해주었다.

포교사단 경남 지역단이 태동하면서 공군교육사령부에도 팀이 생기고 15명의 포교사들이 배치되었다. 자연스럽게 후배 포교사님들께 자리를 내어주고 나는 새로운 곳으로 부처님 법을 전하는 길을 떠나기 위해 충국 성불사 부처님께 하직 인사를 올렸다. 해인사 자비원에서 관리하던 장애인복지관도 이웃 종교 단체가 운영권을 맡게 되면서 봉사활동 종료를 통보해왔다.

덕분에 하안거와 같이 자신을 돌아보는 귀중한 시간이 내게 주어졌고, 평소 관심 있었던 명상과 관련된 공부를 할 수 있었다. 2013년 16주 동안 매주 통도사까지 다니며 마인드케어 지도사 자격을 취득했다. 2015년에는 포교원 부설 불교상담개발원에서 주관하는 명상 지도사 과정을 수료하기 위해 토요일마다 서울 은평구에 있는 삼보사까지 6개월을 다녔다. 가는 데만 고속버스 4시간 지하철 1시간이 걸리지만 그 시간이 즐겁게만 느껴졌다. 2016년에는 명상 지도사 2기 과정이 서울 안암동 개운사 안에 있는 어산작법학교에서 6개월 동안 열렸다. 이번에는 청강생으로 매주 토요일 서울을 들락거렸다. 끝인가 했더니 이제는 포교사단에서 조계종 의례위원장이신 인묵 큰스님을 모시고 두 달간 한글상제례 교육을 실시했다. 등록하고 매주 월요일 휴가를 내 서울에 가서 교육에 참가했다.

옛 어른들께서 공부하다 죽으라고 했듯이 배움에는 끝이 없는 듯하다. 2017년에는 부처님 전도 선언을 실천하기 위해 혼자서 길을 떠날 행장을 꾸리고 있다. 진주 시내에 있는 대학교 불교동아리를 활성화하여 젊은 불자들을 키워내고자 한다. 서툰 실력이지만 명상을 통해 젊은이들의 응어리진 마음을 풀어내고 번뇌에 가려진 불심을 스스로 찾게 하는 것이 목적이다. 오늘도 외로운 구도자의 길을 걸으며 말한다.

'나의 화두는 포교사업니다.'

행동하는 사람

월성 강신경

베이비붐 세대에 태어났다. 운 좋게 대기업 연구소에서 근무하며 정년까지는 근무할 수 있겠지 기대한다. 요즘 퇴직 후 무엇을 하며 어떻게 살까를 많이 생각한다. 지금까지 '개인 강신경'이 아닌 사회구성원, 아들, 남편, 직장인, 아버지로서 삶을 살아왔다는 생각이 든다. 현실적으로 이를 완전히 벗어나기란 쉽지 않다. 그러나 정년 후에는 나 자신의 삶을 살아가야겠다고 생각한다. 나는 세상에서 가장 가치 있는 삶은 사회에 봉사하며 베풀며 사는 것이라 생각한다.

학업에 재능도 없고 의욕도 없고 해서 허송세월을 보냈다. 대학 4학년이 되었으니 취직이나 하려고 여기저기 입사원서를 썼지만 번번이 낙방했다. 그러던 중 우연히 한 친구와 같이 자취를 하게 되었다. 교내 불교연구반 활동과 학생운동을 하던 그 친구를 통해 불교를 접하게 됐다. 대학원을 다니면서 서울 조계사에 학생 신도로 등록했다. 무진장 스님께 월성이라는 법명도 받았다. 그러다 포항에 있는 기업 연구소로 이직하면서 경주에서 살게 되었고 이때 고불선원에서 화두와 참선을 접할 수 있었다. 불국토 경주에서 사니 불교 역사에 대해서도 공부할 기회가 많이 생겼다. 광양으로 근무지를 이동하면서 집 근처 금강정사라는 조그만 포교당에서 불교대학을 다니며 교리도 배웠다.

불교를 본격적으로 공부하고 싶었다. 그래서 조계종 포교원 디지털대학에 등록해 신도전문가 과정을 수행 중이다. 요즘 포교사 시험도 준비하고 있다. 불교란 무엇인가에 대해 나름대로 곰곰이 생각해본다. '무無' '공空'이라고 생각했다. 연기법緣起法, 삼법인三法印, 사성제四聖諦, 팔정도八正道 등이 아닌가라는 생각도 했다. 불교 사상은 철학적이기도 하고 정말 매력이 있다. 가장 중요한 것은 보시, 즉 자비행의 실천이 아닌가라는 생각이 든다.

지난 2015년 8월 하안거 해제 때 오현 스님도 "한국에는 깨달은 선승은 많은데 깨달음의 삶을 사는 선승은 만나기 어렵다"고 하셨다.

"불교는 깨달음을 추구하는 종교가 아니라 깨달음을 실천하는 종교다." 나는 이 말에 전적으로 동의한다. 나 역시 실천적 삶을 살아야겠다고 다짐한다.

첫 번째는 자연과 함께하는 자급자족의 삶이다. 대량생산과 소비를 기본으로 하는 자본주의 시스템은 영속적일 수 없고 결코 바람직하지 않다고 생각한다. 누구도 행복할 수 없으며 궁극적으로 공멸할 수밖에 없는 시스템이다.

두 번째는 불교적으로 살고 싶다. 불교식으로 살고 교리 공부를 본격적으로 해보고 싶다. 새벽예불도 오후불식도 해보고 싶다. 재가불자로 사는 생활을 동경한다.

마지막으로는 사회에 봉사하면서 살고 싶다. 나는 지금까지 해수를 담수로 만들거나 폐수를 공업용수로 만드는 기술개발을 해오고 있다. 세상에는 깨끗하지 못한 식수로 야기되는 질병 때문에 아직도 많은 사람들이 고통받고 있다. 내 기술과 경험을 필요로 하는 곳이 많을 것이다. 따라서 지금까지 공부했던 물과 관련된 전문적인 지식을 바탕으로 사회와 세상에 봉사하며 사는 것이 목표이다. 그리고 지금까지 틈틈이 모아두었던 자료를 정리해서 책도 좀 써보고 싶다.

《마시멜로 이야기》에 이런 내용이 있다.

"어느 날 오후, 개구리 세 마리가 나뭇잎에 올라탄 채 강물에 떠내려가고 있었다. 나뭇잎이 중간쯤 이르렀을 때, 그중 한 마리가 갑자기 벌떡 일어나 결심했다는 듯 단호하게 외쳤다. '너무 더

위. 난 물속으로 뛰어들 테야!' 자, 이제 나뭇잎에는 몇 마리의 개구리가 남았을까? 두 마리. 대부분의 사람들은 그렇게 생각할 것이다. 하지만 틀렸다. 나뭇잎 위에는 여전히 개구리 세 마리가 남아있다. 어째서 그럴까? 뛰어들겠다는 결심과 정말 뛰어드는 '실천'은 전혀 다른 차원이기 때문이다. 개구리는 뛰어들겠다는 결심만 했을 뿐이다. 녀석이 정말 물속으로 뛰어들지, 또는 머리를 긁적이며 자리에 다시 앉을지는 아무도 모른다. 우리는 살면서 얼마나 많은 결심을 하는지, 그렇지만 또 얼마나 많은 순간 결심으로 그칠 뿐인지를 잘 알고 있다. 이제는 실천을 앞세울 수 있는 소중한 결심이 필요한 때이다."

길지 않은 세상을 살면서 느낀 것 중 하나가 있다. 세상에서 가장 중요하지만 어려운 것은 '아는 것이 아니라 행동하는 것'이다. 과연 내 관에 마지막 못이 박힐 때 나는 무슨 생각을 할까? '소풍 잘 놀다 간다….'

엄마표 전법

경북 지역단 군포교 화랑선원팀

애끓는 모정과 중생을 가엽게 여기는 부처님 마음은 같다. 막내 동생이 많이 아팠다. 7남매 중 막내지만 열 손가락 깨물어 아프지 않은 손가락이 있던가. 어머니는 좋다는 병원, 효과 있다는 용한 점쟁이 다 찾아갔지만 이름 모를 병은 좀처럼 차도가 없었다. 어머니는 매월 초하루, 보름, 약사재일마다 쌀 한 말을 머리에 이고 버스에 올랐다. 공양미였다. 어머니는 덜컹거리는 버스에서도 공양미를 바닥에 놓지 않았다. 무릎에 얹어 고이고이 이고지고 절에 가서 부처님 앞에 올렸다.

시골에서 시부모님 모시고 살면서도 막내 살려보겠다는 노력

제1부 | 나는 누구인가

43

이 대단했다. 새벽에 일어나 목욕재계 후 막내를 돌보는 하루 일과를 시작했다. 덕분일까. 막내는 결혼해 아들딸 낳고 잘 산다. 돌이켜본다. 어머니 따라 절에 가고 어머니의 긴 하루를 지켜보던 어린 마음에 모정과 부처님이 어렴풋이 닮았다고 여겼던 것 같다.

부처님이 그러셨던가, 인생은 고통이라고. 결혼하고 얻은 전셋집이 경매로 넘어간다는 소식을 들었다. 그 시절, 넉넉한 가정은 별로 없었다. 빚을 내 얻은 전세였다. 빚은 전에 살던 집에서 받지 못한 전세금으로 갚을 생각이었다. 앞이 캄캄해졌다. 상황이 변할 기미가 안 보였다.

살아있으면 뭐라도 해야 했다. 집과 20분 거리에 비구니 스님들이 거주하는 암자가 있어 친구 따라 가봤다. 마침 백중을 앞두고 있었다. 백중이 뭔지 몰랐지만 매일 기도에 동참했다. 누가 시키지도 않았는데 법당도 청소했다. 일찍 혼자가 된 애처로운 언니를 소개했다. 기도를 하면서 공양주로 암자에 머물게 했다. 절에 행사가 있을 때마다 나는 달려가서 도와주고 뒷마무리까지 했다. 공양주 소임을 묵묵히 견뎌내는 언니를 보면서 기도했다.

내게도 봄이 찾아왔다. 경매로 넘어갈 뻔했던 집은 우리집이 됐고, 전세금도 해결됐다. 아무 관련 없다고 아무리 고개를 저어도 부처님께 절로 고개가 숙여졌다. 어머니의 모정 그리고 우리 가족과 떼어놓고 생각할 수 없는 불연. 시간이 흘렀고, 포교사의 길에 입문했다. 사실 포교사가 되기 전부터 중증장애인 시설에 근무하면서 사찰 어린이법회를 진행했다. 해보지도 들어보지도 못한 어린이법회를 혼자 맡아 이끌어 가는 일이 여간 힘든 게 아니었다. 사단법인 동련에서 주관하는 교사대학을 사이버로 공부했고, 지도자 연수에도 빠짐없이 동참하며 아이들과 친해지려는 노력을 아끼지 않았다. 다른 사찰 어린이법회 참관도 다니면서 발버둥 쳐봤지만 한계를 느꼈다. 혼자 법회, 프로그램, 간식 모두를 해결해야 하는데 고민이 너무 많았다. 함께할 지도자 선생님 구하는 일도 급선무였다. 스님도 많은 고민을 했지만 프로그램 진행하는 분만 오실 뿐이었다. 아이들이 고등학생이 되자 어린이법회는 잠시 쉬기로 했다.

내 능력 부족이라는 생각이 들었다. 늘 마음 한구석이 아렸다. 한국불교대학 경산도량에 입학했다. 포교사고시도 준비하면서 일이 없는 일요일에는 선배 포교사들을 따라 현장에 나갔다. 어린이법회도 어렵지만 군법당도 열악하긴 마찬가지였다. 그곳 역시 손이 부족했다.

불교인구가 급감했다는 소식이 들렸다. 특히 젊은 불자들이 줄어든 현실이 안타까웠다. 포교사 품수를 받으면 어린이·청소년법회팀에서 활동하겠다고 다짐했다. 어린이·청소년·대학생·군포교 영역이 젊은 층을 만나는 장이기 때문이다. 그런데 경북 지역단 남부총괄팀에는 어린이·청소년팀이 없었다. 상관없었다. 팀과 관계없이 개인적으로 한국불교대학 경산도량에서 어린이법회 선생님 활동을 시작했다. 포교사로서는 군포교 화랑선원팀에 소속돼 전법현장으로 뛰어들었다.

요즘 갖가지 식료품과 배달음식에 '엄마표'라는 수식이 붙는다. 이름 앞에 '맘스'를 붙여 믿을 수 있는 식료품이나 음식이라고 알리는 모양이다. 전법도 마찬가지다. '맘스 전법' '엄마표 전법'이 필요하다.

군포교 화랑선원팀은 매주 일요일 법회를 봉행한다. 선배 포교사들과 함께 활동 중인 화랑선원팀 인원은 18명 정도다. 하지만 실제 활동인원은 그보다 적다. 매주 당번을 정하지만 변수가 적지 않다. 포교사들이 불참할 경우 서로서로 일정과 안부를 물어가며 돌아가면서 진행하기도 한다. 비용이 만만찮다. 매월 회비에 부처님오신날 권선, 그리고 반용사와 북대암에 도움을 요청해 마련한다. 간식은 엄마 손맛에 정성을 담는다. 포교사들이 직접 재료를 구입해 조리해서 '엄마표 요리'를 내놓는다. 화랑선원 군장병들에게도 인기다. 꾸준히 20~30명씩 법회에 오는데 그중 몇몇은 맛있는 간식을 먹기 위해 온다며 너스레를 떤다. 이유야 어떻든 법당에 한두 번이라도 나와 생활법문을 들었으면 한다. 가랑비에 옷 젖듯 불자가 되어가길 서원한다.

군포교 못지않게 어린이법회에도 열과 성을 다한다. 한국불교대학 경산도량에 비록 어린이·청소년팀은 없지만 법회를 연다. 어린이법회는 매주 토요일 오후 2시부터 시작한다. 나는 어린이법회 1시간 전에 도착해 채비를 한다. 하나둘 법당에 들어오는 아이들을 맞이하면서 진한(?) 스킨십부터 나눈다. 포옹을 하고 얼굴에 뽀뽀도 한다. "보고 싶었어. 잘 지냈지? 사랑해." 아이들과 애정 듬뿍 담은 인사를 나눈 뒤 좌복을 펴면서 법회를 준비한다.

부처님 전에 서서 집전을 시작하면 아이들은 장난기가 발동한다. 금세 어수선해진다. 집중이 쉽지 않다. 그래도 삼귀의, 한글 예불, 한글 반야심경, 어린이 오계, 관음정근(포행 및 보시), 입정을 차례로 진행한다.

조금 벅차기도 하다. 경북 지역단 사무실 간사로 근무하다 보니 토요일은 행사가 잦아서 어린이법회에 차질이 생기기도 한다. 주지스님이 간곡히 청하기도 한다. "자주 빠지는 게 아이들에게 좋지만은 않습니다. 선생님은 항상 그 자리에 있어야 아이들도 신뢰를 할 텐데…" 신나고 재미있는 프로그램과 함께 진행할 선생님이 부족한 게 현실이다. 아이들에게 불심의 씨앗을 잘 심는 일이 불국토 초석을 심는 일이라 믿는다. 개선돼야 할 문제다.

여러 가지 불화가 생기기도 한다. 항상 단점만 찾는 이들도 있다. 불화로 시끄러울 때는 내려놓고 싶은 마음이 천 번 만 번 일어나기도 하지만 아이들 생각하면서 다시 마음을 굳건히 한다.

요즘 세상도 종교도 너무 시끄럽다. 누군가가 잘되는 것을 응원해주기 보다는 자신이 올라가지 못한 것을 한탄하면서 남을 끌어내리려는 시도들이 너무 많다. 헐뜯고, 비방하고, 질타하고, 욕하는 것보다 응원하고, 칭찬하고, 용기를 주며, 함께 기뻐할 때 더 값진 삶이 되리라 생각한다. 잘못된 부분들은 모두가 남 탓이고 잘된 부분은 내가 잘해서란다. 과연 내가 잘해서 이루어지는 것이 얼마나 될까.

부처님께서 제자들에게 남긴 마지막 가르침에 많이 의지한다.

자기 자신을 등불로 삼고 자기를 의지하라.
또한 진리를 등불로 삼고 진리를 의지하라.
이 밖에 다른 것에 의지해서는 안 된다.
제행이 무상하니 게으르지 말고 정진하라.

서원을 세워본다. 형편 나은 사찰에서는 어려운 사찰을 살피고, 여건이 힘든 사찰과 정보를 공유하며, 여유 없는 사찰과 서로 도우며 늙고 병든 스님들 거둬 보살피는 따뜻한 불국토를 그려본다. 각 사찰마다 아이들 웃음소리와 떠드는 소리가 가득하길 상상해본다. 군법당에 앉은 장병들이 제대 후 각자 위치에서 부처님을 찾는 발걸음 소리가 각지에서 들리길 기원한다.

이 길에 들어선 보람

명순행 김나현

인천경기 지역단 사찰문화2팀

유년시절이 아련하다. 할아버지, 아버지와 어머니 모두 이른 새벽에 길은 정화수 떠놓고 매일 기도하던 모습이 생각난다. 초등학교 때 처음 부처님을 모신 작은 암자에 가본 것 같다. 불연을 더듬어 올라가다보니 날짜까지 생생하게 기억난다.

부처님오신날의 환희가 전국 각지 도량을 물들이는 것처럼 운명처럼 내 불연의 싹이 튼 시점도 1996년 부처님오신날이었다. 친구 따라 절에 갔던 게 인연이 됐다. 서울 조계사 불교대학을 졸업한 지인이 삼보에 귀의해서 경전 공부하며 신행을 이어가는 게 어떻겠느냐고 권유했다.

그 뒤로는 물이 위에서 아래로 흐르듯 자연스럽게 불연이 이어졌다. 차근차근 공부했다. 기본교리, 의식집전, 경전반을 모두 마친 뒤 2001년 조계사 불교대학에 입학했다. 점점 아름다운 세상 만드는 맑은 향기가 불연이라는 생각이 들었다. 이처럼 좋은 가르침을 혼자만 알고 싶지 않았다. 일반 포교사고시에 응시해 2003년 포교사가 됐다. 그때부터 날마다 해온 아침기도의 간절함이 깊어졌다.

사실 기본교리를 배울 때부터 아침기도를 했다. 《천수경》이나 〈관세음보살보문품〉, 《금강경》 등을 읽고 사유한다. 언제나 간절하다. 살아 있어서 감사하고, 누군가에겐 필요한 사람으로서 오늘 하루도 포교사로 보람된 하루가 되길 발원한다. 부처님 가르침을 전하는 포교사로서 그 역할에 성실히 임해 전법의 책임과 의무를 다하겠노라 다짐한다. 그렇게 나 자신부터 신행을 점검하고 세상을 향해 매일 포교의 서원을 세운다.

서원의 중심에 서서 늘 깨어있는 삶의 길이 바로 불제자이자 포교사의 길이 되도록 노력했다. 조계사 새신도 신행안내팀에서 봉사하다 지역법회 법등장 소임을 맡기도 했다. 조계사에서 5년 동안 매일 같이 공부하고 봉사했다. 만발공양 봉사, 부처님오신날 연등행사, 서울노인복지센터 동지팥죽 나눔 등 나눔의 기쁨과 보시바라밀로 참다운 나에게 다가가려고 애썼다. 그 믿음과 굳건한 의지로 5년을 하루처럼 열심히 정진했다.

하지만 포기하고 싶은 순간이 종종 찾아오기도 했다. 손님처럼 병마가 찾아올 때, 가족들 우환이 생길 때, 생업에 문제가 발생하면 갈등하곤 한다. 5년간 조계사에서 봉사하다 잠시 임원 활동을 멈췄다. 하고 싶었던 학업을 지속했고, 생업에 열중한다고 자영업을 했다. 결국 부처님과 가르침, 승가에 귀의하고 모든 것을 극복하는 일은 오직 스스로의 몫이었다. 내가 선택한 포교사의 길이 최선의 길이라 믿는다.

2016년 12기 전문포교사 품수를 받았다. 고향인 조계사에서는 전법팀 소속으로 활동하면서 인천경기 지역단 사찰문화2팀 팀장 소임을 수행 중이다. 주요 활동 도량은 강화 전등사傳燈寺다. 2015년까지 매월 두 번씩 사찰문화 해설을 했고, 내가 팀장을 맡게 된 이후부터 월 3회로 늘었다. 5~7명씩 구성된 조원들이 돌아가면서 사찰과 불교문화를 알리고 있다.

전등사에 갈 때마다 울창한 소나무 숲을 지나 맑은 공기로 심호흡하며 마음을 비운다. 종회루에 올라서면 왼편 부도전에 합장 반배하고, 대조루 거쳐 들어서면 눈앞에 대웅보전이 모습을 드러낸다. 약사전, 명부전, 삼성각 등 각 전각에 들러 삼배 올린다. 아름드리 느티나무 옆 범종각에 '전등사 불교문화 해설, 차 한 잔의 여유' 표지판을 세워놓고 준비한다.

고려 381년 소수림왕 11년에 창건된 고찰 전등사와 인연 닿은 것에 감사하다. 천년고찰에서 부처님 가르침을 전할 수 있는 것이 복이며, 그 도량이 바로 복전이기 때문이다.

항상 강화대교 지나면서 전등사를 찾는 이들이 부처님 가르침을 조금이라도 느끼시길 기원한다. 자연을 벗 삼아 사유하면서 역사가 살아 숨 쉬는 유서 깊은 사찰에서 맺은 불연이 언젠가 싹 트길 바란다.

봄가을 유난히 등산객이나 내방객 발길이 잦다. 아무래도 오랜 역사 속 풍파를 견뎌온 강화 전등사에 담긴 이야기가 궁금하기 때문이리라.

진종사眞宗寺라는 이름으로 창건돼, 여러 차례 큰불이 나고 증축을 거쳐 광해군 13년인 1621년에 지어진 모습이 오늘의 강화 전등사다. 대웅보전을 중심으로 좌우협시불, 약사전의 약사여래불, 명부전의 아미타불과 지장보살님 그리고 시왕, 31존상, 삼성각, 불화와 탱화, 설화, 문화, 건축물 등이 고스란히 남은 도량이 전등사다.

전등사는 특히 나녀상裸女像 설화로 유명한 고찰이다. 원숭이상, 나찰상, 나부상 등 여러 가지 이름으로 불린다. 여기에는 몇 가지 설화가 있다. 원숭이 4마리가 공사에 지친 일꾼들에게 술을 가져다 준 그 공덕을 기리기 위해 조각했다는 창건 설화도 훌륭하지만 흥미롭게 들으시는 설화는 따로 있는 듯하다. 불같은 사랑과 배신이 얽혔다는 말이 전등사를 찾는 이들의 귀를 솔깃하게 하곤 한다. 전소된 전등사 대웅보전 복원을 맡은 목수는 아랫마을 주모와 사랑을 나누는 사이였다. 노동에 따른 벌이까지 그녀에게

맡겼으나 돈에 눈 먼 주모는 불사가 끝날 무렵 줄행랑을 놨다. 목수는 크게 상심했고, 대웅보전 바깥 처마 들보 사이에 벌거벗은 여인을 조각해 평생 업보의 무게에 짓눌리게 했다는 설이다. 하지만 두 가지 설화 모두 지은 과보는 언젠가 돌려받는다는 인과를 되새기는 참뜻이 담겼다고 생각한다. 그래서 지금 이 순간 선업을 쌓아야 한다.

사찰문화 해설을 맡은지라 등산객이나 내방객들에게 사찰예절 안내도 소홀할 수 없다. 먼저 몇몇 가족들에게 다가가 사진을 찍어주고, 쉬는 가족들에게는 "시간 되시면 문화 해설 도와드릴까요"라고 묻기도 한다. 차수, 합장, 반배, 삼배, 오체투지 등 천년 넘게 이어져온 사찰 예절이 불교문화라고 알린다. 왜 절에 많은 연등이 달리고 소원지를 태우는지도 물으면 친절하게 답한다. 잠시 듣고서 만족해하시는 분들을 만나면 의욕과 용기가 생긴다. 그냥 지나가는 행인들에게는 다음에 꼭 다시 찾아오라는 말도 잊지 않고 한다.

부모님을 모시고, 자식들이나 손자손녀들 손잡고 찾아오신 모든 분들이 반갑다. 나이 들어 노부부가 된 이들이 산책하듯 나란히 걸으며 도란도란 담소 나누며 경내를 걷다 삼배의 예를 올리는 모습이 보기 좋다. 그리고 가끔 절을 찾으신 분 가운데 30~40년 전 자신이 어릴 때 사진 속의 모습과 그때의 사찰을 지금과 비교해보고 추억에 잠겨보기도 한다.

사찰문화 해설에 성심을 다하는 이유가 있다. 이들이 불법 인연으로 행복하기 바라는 마음이 적지 않다. 부처님께 드리는 간절한 기도는 반드시 이뤄진다는 것을 안다. 평소에 여러 번 경험했고 지극한 정성으로 발원하는 기도는 응답이 있다.

살아가면서 욕심내고 성내고 어리석게 구는 탐진치貪瞋癡 삼독심三毒心도 차츰 줄어든다. 주변 사람들을 배려하고 이해하려고 늘 노력하고 있다. 신행으로 부처님 가르침을 널리 알리고 다른 이들의 말을 편안하게 받아주면서 눈높이를 맞추려고 한다.

나를 따라서 절에 신도가 되거나 포교사가 된 분도 있다. 포교사가 되고 나서 고향 친구를 만난 일도 매우 기쁘고 대학 동기를 포교사시험 응시장에서 만나기도 했다. 모두 어렵고 힘들 때 위로가 되어주고 서로 격려하면서 반갑게 맞이하는 불자와 포교사들을 만나면 이 길에 들어선 보람을 깊게 느낀다.

거룩하신 삼보에 귀의해서 가정과 사회와 국가가 모두 태평하고 만복이 깃들고 행복하기를 발원한다. 그리고 포교의 원력으로 불국정토세계에 모두들 동참하길 기원한다. 초심을 잊지 말고 상기하면서 꾸준히 지속되기를 염원한다.

불자로 살아가는 기쁨

수성 김덕광

3남 1녀 중 막내로 태어났다. 귀여움을 받고 축복 속에서 어린 시절을 보냈다. 결혼하고 딸 둘을 낳고 기르다보니 어느덧 오십줄 후반이다. 자신을 돌아보니 허전함과 쓸쓸함이 몰려왔다. 생전 어머니가 절에 다니면서 불교를 접하긴 했지만 그동안 지지부진했었다. 부처님오신날에야 아내와 절에 가서 연등을 가족별로 달고, 무병과 가족의 안녕을 빌 정도에 불과했다. 흔히 말하는 '초파일 신도'였다.

가을 무렵이었다. 몇 년 전 지인 소개로 불교를 다시 접했다. 당시는 용인에서 출장 중이었고, 잠은 외부 숙소에서 자면서 저녁

업무가 끝나는 오후 9시면 사찰로 갔다. 늦은 시간이었지만 스님의 배려로 매일 법당에 들어가 참배하고, 백팔배를 하곤 했다. 기본 사찰예절도 몰랐고 지인이 하는 나무석가모니불이며 나무아미타불이며 나무약사여래불이며 모든 게 문외한이었다. 제대로 배워보자고 다짐했다.

불교대학을 찾았다. 지인이 다녔다던 능인선원에 접수하려고 보니 매주 두 번씩 강의가 있는데 어떻게 참석하나 고민이었다. 시간을 내기 어려웠기 때문이다. 그럭저럭 시간만 보내다가 제주도 기후가 큰 역할을 했다. 궂은 날씨로 발이 묶여 약천사에서 2박 3일 우연찮게 템플스테이를 하게 됐다. 새벽예불과 사시예불, 저녁예불에 동참하고 공양했다. 사찰에서 할 일을 찾아 참석하다보니 짧은 기간에도 사찰 일상이 자연스러워졌다.

약천사 템플스테이 이후 서울로 돌아와 일상에 복귀해서도 종종 사찰순례를 다녔다. 팔공산 갓바위, 대구 동화사, 해동사, 갑사…. 논산에 있는 태고종 사찰 안심정사에서 지장보살 정근도 했다. 이 무렵 처음 손목에 염주를 찼다. 서울 남대문시장에서 염주 천주를 꿸 염주알을 샀다. 매일 새벽 4시 숙소에서 예불을 하며 지장보살 정근 1,000념을 했다. 저녁이면 백팔배로 참회하면서 염주 세 알을 꿰었다. 그러다 3일 동안 삼천배를 했다. 나름 초발심 열정에 푹 빠져있었다.

부처님을 찾아야 하는지, 보살님을 찾아야 하는지도 몰랐다.

어떻게 기도해야하는지도 몰랐다. 다시 교육받을 수 있는 프로그램을 찾았고, 조계종 포교원 디지털대학을 만났다. 온라인으로 만나는 부처님 도량에서 많은 부분을 배울 수 있어 감사했다.

신도 기본교육을 받으며 절은 왜 해야 하며, 어떻게 해야 바른 자세이며, 마음가짐은 어떻게 가져야 하는지를 알게 됐다. 사찰에서 하는 행동과 자세, 공양을 대하는 마음 등 모든 것이 새롭게 다가왔다. 재가불자로서 갖춰야 하는 하나하나를 익혔다. 실천하는 나를 발견하면서 모든 분들에게 감사하는 마음까지 생겼다.

주경 스님, 정엄 스님, 김성철 교수…. 무지한 나를 조금이나마 불자로 생활하도록 가르쳐준 스승이다. 신도 전문과정에서는 법산 스님에게 '부처님의 생애'를, 미산 스님에게 《금강경》 강의를 들었다. 이후 정엄 스님이 계시는 군포 정각사를 재적사찰로 올렸다.

조계종 제22기 일반포교사고시를 준비했다. 불교에 입문할 때 어려웠던 기억이 떠올랐고, 누군가 나와 같은 경험을 한다면 도움이 되고 싶었다. 특히 법주사에서 열렸던 팔재계수계실천대법회에 다녀온 경험이 마음을 움직였다. 디지털대학에서 참관을 갔는데 품수를 받는 모습과 단기 입장, 장엄한 염불, 포교사들의 전법 원력을 보고 있으니 포교사를 향한 열정이 샘솟았다. 노력을 거듭해 결국 올해 논산 육군훈련소 호국연무사에서 제22기 일반포교사 품수를 받았다.

지금은 여러 도반의 도움으로 체험도 많이 하고 덕 높은 스님들 법문도 자주 듣는다. 능행 스님과 염불선 체험도 내 마음을 흔들었다. 아미타부처님께 모든 것을 맡기고 아미타정근 5,000독을 하며 정진한 경험은 잊을 수 없다.

남을 위해 회향하며 생활할 수 있게 어리석음을 타파하려는 노력을 하나하나 늘려가야겠다. 불교 수행 과정은 신해행증信解行證이다. 이러한 신해행증 단계를 차례로 밟아 나가겠다. 중도中道를 여지없이 믿고 받아들여 이해하고 수행해야 바르게 불교를 증득할 수 있다고 생각한다. 자신 안에 부처님이 함께 있으니 행동이 조심스러워지고 주변 모든 이들을 귀하게 생각하며, 탐진치 삼독을 물리치는 참된 불자가 되련다. 부처님, 스님, 도반 모두에게 회향하며 감사 드린다.

수행의 전부

학운 김덕환

울산 지역단 자원봉사 선우팀

포교사로서 또한 불자로서 내세울 것 없는 평범한 삶을 살아왔다. 이제껏 수많은 선택을 하면서 지금에 이르렀다. 그 많은 잘못된 선택으로 수미산보다 더 높은 업장을 켜켜이 쌓아왔다. 그런 와중에서도 나름 괜찮은 선택을 했다고 생각하는 것이 있다. 수없이 실패를 한 뒤에 어렵게 금연에 성공한 일과 바로 불법승 삼보에 귀의하고 불교에 입문한 선택이 그것이다.

천년 만에 맞이하는 밀레니엄 해라고 하면서 온 세상이 요란했던 2000년 어느 날이었다. 점심식사 후 남는 시간을 이용해 근무하는 사무실 뒤에 있는 인천 지역 조그만 사찰에서 산책을 하던 중이었다. 주지스님을 뵙고 불교를 처음 접했다. 2002년 근무지가 울산으로 변경되면서 울산에 있는 정토사 불교대학에 입학해 처음으로 체계적인 불교 공부를 하면서 비로소 불교를 제대로 배우는 계기를 맞이했다.

젊은 시절 교회나 성당에서 설교를 들었다. 지인들 강요에 못 이겨 마지못해 끌려 나갔다. 성직자들 설교를 들으면서 항상 찜찜함을 떨칠 수 없었다. 그것은 신을 믿고 기독교 성서를 읽을수록 우리가 알고 있는 일반상식과 과학에 배치된다는 점이었다. 종교 교리를 모순 없이 받아들이지 못하는 안타까움도 있었다. 내 신앙은 이런 의심 덩어리를 헤쳐 나가지 못하고 늘 겉돌기만 했다. 신앙이 머리와 가슴에서 동시에 공감되지 않았다.

이런 오랜 고민을 일거에 해소시켜 준 것이 부처님 가르침이었다. 나 자신이 믿음의 인간이 되지 못한 원인이 본래 의심하고 불신하는 못된 성품을 가진 까칠함 때문은 아닌지 늘 곤혹스러웠다. 그런 나에게 불교는 해방의 학문이요 해방의 신앙이었다. 늘 머릿속에 희뿌연 안개가 자욱하게 깔려 있는 듯한 느낌이었는데, 이 안개가 말끔히 사라지는 그런 느낌이었다. 그렇다고 불교를 과학이라 말하지는 않겠지만 적어도 과학적인 입장에서 접근하여도 불교를 신앙으로 받아들이는 데 하등의 거리낌이 없는 점이 너무너무 좋았다. 아, 좋다!

정토사 불교대학 이수 뒤 제9기 포교사 시험에 도반 10여 명이 응시했다. 9명이 포교사 품수를 받았다. 나는 자원봉사 자비팀에 배정을 받아 울산시 외곽에 위치한 연화요양원에서 봉사활동을 하면서 포교사로서 새로운 일상을 시작했다. 거듭 되돌아보건대 처음 봉사를 시작했을 당시에 아무런 프로그램도 없었다. 무턱대고 방문하여 간단한 간식거리를 대접해 드리고 법회를 봉행했다. 어설픈 레크리에이션과 노래로 한 시간을 겨우 때우고는 허겁지겁 돌아오고는 했다. 지금은 제법 틀을 갖추고 나름 적당한 프로그램도 만들어서 매월 두 번씩 할아버지 할머니들과 즐거운 시간을 같이하고 있다.

편안하고 안정적인 직장생활을 그만 두고 남들은 은퇴할 시점인 이순에 사업을 시작하여 늘 시간에 쫓긴다. 새벽수행을 빼먹기 일쑤고 바쁘다는 핑계로 포교사로서도 지역단 팀 활동에 적극적으로 동참하지 못할 때가 많다. 하지만 새벽기도와 명상으로 하루를 시작하는 날은 다르다. 문 열 때에는 문을 여는 줄 알아서 온 마음을 여는 데 집중하고, 밥 먹을 때에는 밥 먹는 줄을 알고, 걸을 때에는 내 발걸음이 대지에 접하는 것을 알아차려서 오직 '지금 이 순간'에 깨어있고자 한다.

하루 중 깨어있는 시간이 티끌 만큼이고, 아만의 무지에서 헤매는 시간이 많아서 분별심의 끈을 붙들고 있는 내 자신이 불만스럽다. 그러나 가랑비에 옷 젖듯 쏟아지는 법우法雨를 맞고 생활하면 언젠가 자유롭고 행복한 불자로 거듭날 수 있을 것이라 믿고 바라며 포교사로서 하루를 시작한다.

불자가 되고 나서 만난 인연들이 감사하다. 훌륭한 스님과 선지식들 그리고 항상 정진의 끈을 놓지 않고 수행하는 포교사, 도반들과 같이 할 수 있다는 사실이 참으로 다행스럽다. 포교사 품수를 받고나서부터 지금까지 약 10여 년이 넘도록 자원봉사팀에서 포교활동을 이어오고 있다. 처음부터 어설펐던 나는 지금도 매우 어설픈 포교사 가운데 하나다. 자비심팀을 거쳐 2년 동안 자원봉사 선우팀 팀장을 맡았다. 우리 팀원들이 많이 곤혹스러웠을 것이다. 이제 팀장의 짐을 대혜성 포교사에게 넘기고 나서 생각해보니, 그동안 같이 활동했고 앞으로도 계속 활동을 이어가게 될 우리 선우팀 포교사 도반들이 대단히 훌륭하고 좋은 벗이었다고 새삼 느낀다.

선우팀 활동은 전법 일선에서 정진 중인 여러 포교사들과 다를 바 없다. 선우팀은 매월 첫째 주, 셋째 주 토요일 오후에 요양원을 방문해 자원봉사를 하고 있다. 빈손으로 방문하지 않는다. 어르신들이 좋아하는 떡과 음료를 준비해 간식으로 드실 수 있도록 한다. 그리고 봉사활동 첫 번째 프로그램은 당연히 법회 봉행으로 시작한다. 법회는 어르신들의 쾌유와 건강을 기원하는 발원문을 봉독하고《천수경》과《반야심경》독경을 함께 한다. 총기 있는 어르신들은 독경을 같이 하시기도 한다.

법회를 마친 뒤 가볍게 몸을 풀 수 있는 레크리에이션과 건강

박수 등으로 굳어있던 몸을 풀고 마음을 여는 시간도 갖는다. 다음에는 여래성 포교사가 장구 반주를 곁들여 어르신들과 민요를 부른다. 흥겨운 장구 가락에 민요를 더하면 어르신들이 불편한 몸을 추스르고 일어나 포교사들과 멋들어진 춤사위를 과시하곤 한다. 흥겨운 무대가 끝나면 어르신들이 기다리고 기다리던 노래자랑 시간이다. 노래방 문화에 길들여진 우리는 노래방 기계가 없으면 가사를 몰라서 노래를 부르지 못하는데 나이 지긋한 어르신들은 가사 한 글자 틀리지 않게 잘도 부르신다. 모든 일정이 끝나면 산회가를 같이 부르면서 봉사활동을 마감한다.

선우팀 포교사들은 은퇴 후 재취업해서 직장 생활을 하는 틈틈이 활동하고 있다. 백양사 합창단과 경전반에서 열심히 활동하면서도 매일 팀원들에게 좋은 글귀와 음악을 전하고 있는 대혜성 팀장, 사업을 하는 와중에도 정토사와 람림학당에서 중요한 소임을 맡아 온갖 궂은일도 마다하지 않고 봉사하면서 기도를 놓치지 않고 있는 보리향 포교사, 민요와 장구 연주로 많은 자선행사와 어르신 봉사활동을 하는 한편 팀 활동에 한 번도 빠지지 않고 자기 분야의 자격증을 취득한 만학도 열정을 보여주고 있는 여래성 포교사, 재적사찰인 정종사를 정갈하고 아름다운 도량으로 가꾸는 것은 물론 사찰 대소사에 주도적으로 참여하면서 주지스님이 포교사를 바라보는 시선을 긍정적으로 바꿔 전폭적인 지지와 지원을 이끌어내고 모든 가족을 신심 돈독한 불자로 인도해 진정한 포교의 전형을 보여주고 있는 화엄행 포교사, 워킹맘으로 직장과 두 아이 육아를 담당하고 있는 주부이면서도 봉사에 꾸준히 참여하는 여정화와 반야지 포교사, 울산에서 통도사까지 먼 거리를 마다하지 않고 재적사찰에서 봉사활동과 팀활동을 병행하는 무량지 포교사, 오랫동안 염불팀에서 활동하며 팀장을 맡아 그 역할을 훌륭히 수행하고 재적사찰에서 신도법회와 수행 그리고 기도 등을 주관하며 스님을 도우면서 선우팀에 합류해 그동안 쌓아온 내공과 노하우를 아낌없이 전수 중인 성적각 포교사…. 포교 일선에서 묵묵히 자신의 역할을 수행하면서 조금도 자신을 내세우지 않고 하심하면서 활동하는 포교사들이 너무 자랑스럽다.

아난존자께서 부처님께 말씀드렸다.

"좋은 도반은 수행의 절반이라 생각합니다."

이 말을 듣고 부처님께서 말씀하셨다.

"그렇지 않다, 아난이여. 좋은 도반은 수행의 절반이 아니고 수행의 전부이니라."

그래서 나는 오늘 하루도 행복하다. 좋은 포교사 도반과 같이 할 수 있어서.

처음처럼

보광 김성도

제주 지역단 서귀포 교정교화팀장

제주4·3항쟁이 일어난 1948년, 독자였던 아버지는 난리를 피하지 못했다. 인천형무소에서 한국전쟁 발발 후 행방불명됐다. 당시 아버지 나이 열아홉, 꽃다운 나이에 위태로운 시국이라는 시절인연은 너무 가혹했다. 2018년이면 제주4·3이 70주년이다. 내 나이도 70세. 반공을 무기 삼았던 지난 정권은 4·3을 '빨갱이 집단'으로 낙인찍어 연좌제의 사슬로 동여맸다. 입 밖으로 말 한마디 못하게 족쇄도 채웠다. 후손들은 신원조회란 이름으로 정당한 직장조차 갖지 못했고, 50년 세월을 어둠 속에 갇혀 지냈다.

제주4·3은 동체대비 진리에 역행하며 국가권력을 등에 업은 마군들의 폭거였다. 당시 제주 인구는 30만 명이었다. 10명 중 1명인 3만 명이 희생됐다. 현대사 최대 비극이기에 같은 일이 두 번다시 없기를 염원하며 4·3희생자 유족회 서귀포시지부 회장직을수락하고 3년 연임의 직무를 5년째 수행 중이다.

불교 입장에서 돌이켜보면 제주4·3항쟁은 제주 불교에 있어서법난法難이다. 조선왕조의 숭유억불에 이어 4·3으로 제주의 47개사찰이 토벌대에 의해 전소됐다. 그리고 스님 16명이 사찰을 사수하다 순교했다. 특히 조계종 제23교구본사 관음사는 4·3의 중심에 있었다. 토벌대와 무장대의 교전으로 대웅전을 비롯한 건물 7동이 전소되고 2대 주지 이화 스님이 고문 후유증으로 열반했다. 4·3 당시 제주 불교는 법난으로 인한 무불無佛시대였다. 권력자이승만이 파견한 기독교 계열 서북청년회가 그 주역으로 토벌대에 합류하면서 사찰을 초토화 시켰다는 사실을 알아야 한다.

성은 김이요, 이름은 성도成道이다. 석가모니 부처님이 6년 고행 끝에 모든 번뇌가 완전히 소멸하고 환희로 가득한 우주법계진리를 증득했다. 난 60년이 걸렸다. 인간세계에 상주하는 괴로움을 없애는 사성제라는 바른 길이 중도임을 알아차리는 깨달음의순간이 '성도'라고 알기까지 60년을 보내야 했다.

포교사는 팔관재계八關齋戒를 받으니 달라야 한다. 보통 불자들은 오계를 받지만 포교사는 모두 팔관재계를 수지한다. 팔관재계란 재가자가 육재일六齋日, 즉 음력 매월 8·14·15·23·29·30일에 하룻밤과 낮 동안 받아 지니는 계율이다. 살아있는 생명을 죽이지 말고, 주지 않는 남의 물건을 가지지 않으며, 청정하지 않은 행위를 하지 않고, 헛된 말을 하지 않으며, 술을 마시지 않고, 높고 넓고 화려한 평상에 앉지 않으며, 향유香油를 바르거나 머리를 꾸미지 않으며 춤추고 노래하는 것을 보지도 듣지도 않는다. 또, 때가 아니면 먹지 말아야 한다. 신라 진흥왕 12년(551)부터 내려온 우리의 전통문화라 한다.

포교사로서 마땅히 지켜야 할 호계 의무와 책무를 생각하며 하루를 시작한다. 날마다 세 번씩 자신을 돌아보라고 했다. 포교사가 되고 나서야 하루 세 번 자신을 들여다보는 습관이 생겼다.

아침에 눈 뜨면 먼저 이름에 누가 되는 행동을 하지 않기로 결심한다. 말 한마디로 상대 마음에 상처가 되지 않도록 신경을 쓰는 태도가 몸에 배어간다. 팔관 계율을 생각하며 하심으로 스스로를 낮춘다. 지혜의 바른 길을 찾아 이타의 마음으로 자비를 이루고 붓다를 닮아가려는 노력을 일상으로 만들고자 애쓴다.

낮 11시 57분에 항시 알람이 울린다. 마음속 부처를 닮기 위한 3분 명상 시간이다. 광명진언을 염불하며 정오를 맞이한다. 하늘에 걸린 조각구름을 보며 전생의 자아를 잠시 느끼는 순간이다.

하루의 일상이 끝나고 저녁시간 잠자리에 들기 전 조용히 눈을 감고 하루를 점검해본다. 자연스럽지 못한 것은 모두 탐욕에서 온다고 명심하고 있다. 내가 본 이익이 상대의 손해에서 오지 않았나 되새겨 본다. 참회진언이 뇌리를 스치며 부처님의 고행을 생각한다. 잠시 빌려 쓰고 있는 무아의 육신을 더듬어보고 잠을 청하며 하루를 마무리한다.

제주4·3 당시 집안 대가 끊길 위기를 넘겼고, 2대 독자인 유복자로 태어날 수 있었던 일은 부처님 가피라고 믿어 의심치 않는다. 어릴 때부터 외로움을 견디는 데 익숙했다. 성도라는 이름으로 살아왔으며, 그 이름이 불교와 깊은 인연이 있었다. 그래서 나보다 믿음이 한 수 위인 아내를 맞이했고, 수행도 늘 같이 했다.

3남 2녀를 낳아 길렀고, 6명의 손자와 2명의 손녀가 가족이라는 울타리 안에 들어왔다. 추석 다음 날에는 외손자까지 본가로 찾아온다. 이 날은 한평생 아들 하나만 믿고 살다가 돌아가신 어머니의 제삿날이다. 대청마루에서 뛰놀고 있는 아기 부처님들의 해맑은 미소를 보고 있노라면 참 행복하다.

이 행복 역시 부처님 가피가 확실하다고 믿는다. 누구보다도 어머니께서 제일 기뻐하고 계시리라. 가피는 스스로를 경책하는 힘이다. 불법홍포에 앞장서야 할 이유이기도 하다. 나태해질 때마다 〈법성게〉의 한 구절을 떠올리며 채찍질한다. 초발심시변정각初發心時便正覺. 이 진리의 말씀을 '처음처럼'으로 이해하며 나를 담금질하곤 한다.

2017년부터 서귀포 교정교화팀장 소임을 맡았다. 제주교도소 수용자를 대상으로 매월 둘째 주와 넷째 주 수요일 교리법회를 준비하고 있다. 분기마다 한 번씩 전체 수용자법회를 봉행하기도 한다. 이들은 교도소라는 한정된 공간에서 부처님을 의지하고 잘못을 참회한다. 내 안의 때를 벗는 연습을 날마다 하고 있는 셈이다. 팀원들은 이들에게 좋은 벗이 되어 교정교화의 모범을 보이려 노력하고 있다. 상대가 수용자이다 보니 사비를 시주해 간식과 영치금으로 회향하기도 한다.

지난 부처님오신날에는 제주불교연합회장인 법화종 관효 스님이 주관하는 제주교도소 봉축법회를 지원하면서 보람을 느끼기도 했다. 9월 19일에는 조계종 천년고찰 법화사 주지 진우 스님이 주최하고 교정교화팀이 후원하는 수용자 수계법회를 여법하게 마무리해 뿌듯했다.

현재 12개 사찰 주지스님과 서귀포 교정교화팀 등 13개 팀이 제주교도소 법회와 교리를 지도 중이다. 교도소에서 정한 연중 행사일정표에 빼곡한 법회 일정을 보면 자부심을 느끼기도 한다. 다만 조계종 사찰이 더 많이 교도소를 중심으로 교화와 포교 활동에 적극 동참해주길 희망해본다. 우선 법화사와 팀워크를 잘 갖춰 활동하는 방안을 강구 중이다.

사실 교도소는 허가 없이 아무나 드나들 수 없는 공간이다. 본의 아니게 죄를 범하고 검거돼 형사재판이 끝나기 전 수형생활을 하는 미결수, 법이 정한 재판절차에 따라 형량이 결정된 기결수를 수용하는 곳이 교도소다. 교정교화 활동을 하면서 보고 들고 느낀 점이 적지 않다. 편견으로 교도소를 바라볼 필요는 없다는 생각이다. 교도관은 수용자 인권을 존중하면서 교도행정과 절차에 따라 업무를 본다. 수용자들의 형기가 끝나면 일선 현장에서 사회생활을 원만히 할 수 있도록 교도하는 곳이 교도소일 뿐이다. 《천수경》에 이런 가르침이 있다.

> 죄의 자성 본래 없어 마음따라 일어나니
> 마음이 사라지면 죄도 함께 없어지네
> 모든 죄가 없어지고 마음조차 사라져서
> 죄와 마음 공해지면 진실한 참회라네
> 罪無自性從心起 心若滅時罪亦亡
> 罪亡心滅兩俱空 是卽名謂眞懺悔

삼보는 일체중생 각자의 불성 혹은 자성 속에 다 갖춰있다는 게 부처님 말씀이다. 자성의 불佛은 깨달음이며 자성의 법法은 올바름이며 자성의 승僧은 청정함이라 일렀다. 자기를 위해 수행하고 고난에 처한 다른 이들이 행복하도록 돕는 포교사를 발원한다. 서귀포 교정교화팀원 역시 삼보에 서원하고 다짐한다. 묵묵히 포교사의 길을 걷겠노라고, 부처님 가르침과 자비를 세상에 널리 알리겠노라고. 매일 새롭게 발심하고 원력을 세우고 서원하며 오늘도 교도소로 향한다.

나는 누구인가

대일 김술환

소리가 좋다. 산사에서 흘러나오는 경전 읽는 소리, 목탁 소리, 염불 소리, 풍경 소리…. 법당에서 좌선이라도 하면 마음이 한없이 편해진다. 남의 집 같지 않다. 산행을 하더라도 사찰 있는 곳을 찾는다. 걷는 자체가 수행이라 여기니 혹여 전생에 탁발승이 아니었는지 착각도 든다. 단순한 걷기지만 수행이라 여기는 순간, 마음이 편안하다. 조용하고 한적한 오솔길 따라 걷다 산사를 만나면 극락이 따로 있는 게 아니다.

조계총림과 인연은 특별하다. 구산九山 스님이 주석하실 때 불일회佛日會 모임을 하면서 지금의 법명을 받았다. 마침 여수에서 직장 생활을 했기에 가능했던 일이기도 하다. 하나둘 곱씹어보면 참 시절인연이라는 게 있긴 있나보다.

젊어서는 앞만 보고 회사와 가정에 매달려 생활했다. 부모, 남편, 아들이라는 역할이 정해져 있고 최선을 다하지 않으면 안 됐다. 50대 중반을 넘어서면서 혼자 있는 시간이 많아졌다. 아무도 없는 바닷가에 앉아 부서지는 파도를 보면서, 또 깊은 산길을 혼자 걸을 때 자신과 깊은 대화를 나눴다.

나에 대한 수많은 질문은 복잡한 생활 속에서 잠시 일을 멈추게 한다. 나를 돌아보거나, 새벽 일찍 일어나 하루 일과를 계획하면서 또 취침 전 하루 일을 반성하면서 내가 오늘 어떤 위치에서 무엇을 했는지 되돌아보던 일이 많았다. 젊을 때는 과업적인 측면에서 반성을 주로 했지만 나이가 들면서 스스로를 위해 무엇을 했는지가 더 중요하다고 생각했다. 물론 여행이나 휴가 중 간간이 자신과 지난 행적을 되돌아보지만 현실로 나오면 다시 원위치로 돌아가 생존경쟁을 하지 않을 수 없었다. 자신의 의지가 미약하다고 느낄 때가 한두 번이 아니었다.

나는 누구일까.《금강경》에 따르면 '나 김술환은 김술환이 아니고 이름이 김술환'이다. 그렇다면 진짜 나는 누구일까. 인연 따라 김씨 집안에 태어나 항렬과 태어난 순서에 따라 부모님이 '김술환'으로 작명했다. 연기법 따라 형상이 만들어졌고 수상행식受想行

識이 들어간 인격체인 나는 누구인가.

지구상에 72억 명 인간이 생존하고 있다. 수많은 사람들 중 내 존재는 바닷가 모래알과 같이 너무 미미하다. 인간 개개인 모두가 소우주를 형성하고 있다고 하나 삼라만상 속에 있는 내 위치가 그렇다. 하지만 생각만 살짝 비틀어 보면 다르다. 미미한 존재가 바로 소우주라는 부처님 가르침이 그래서 수승하다.

지금은 졸업했지만 조계종 디지털대학에 입학해 부처님 가르침을 공부해나가며 몇 가지 서원을 세웠다. 마음만 아닌 행동으로 자비를 실천하는 것. 무소유 정신으로 남을 돕는 데 적극 뛰어들고 싶었다. 여태 타의로 소극적 보시만 했다. 육바라밀에서도 가장 으뜸이 보시 아니던가. 먼저 보시를 하려고 애쓰고 있다. 금전 아니면 육체적 노력 봉사라도 해야 참다운 불자가 아닐까.

마음을 비우고 싶었다. 세상살이나 인생사에서 탐진치 삼독심에 사로잡혀 끝없는 경쟁 속에 살았다. 자본주의 사회에서 부의 축적이 당연하고 그러다보니 무한경쟁을 펼친 듯하다. 여기에 쏟아 부은 노력을 줄이고 마음은 새털처럼 가볍도록 욕심을 버리는 연습 중이다. 욕심은 욕심을 낳고 사회를 메마르게 할 뿐만 아니라 머릿속을 어지럽힌다. 비우지 않으면 이기심 덩어리에 깔려 죽을지 모른다는 생각이다.

불교 공부와 수행에 더 노력을 하고자 한다. 학교 다닐 때 대학 불교학생회에서 《반야심경》을 외우고 철야정진을 했지만 사회 나오면서 파묻히고 말았다. 이런저런 핑계로 불교 공부에 게을리 해서 창피하지만 이제 경제적인 측면에서 사회 울타리를 벗어났고, 최근 《금강경》이 크게 마음에 와 닿는다. 디지털대학을 졸업한 동문을 정기적으로 만나 간경看經하고 있다. 서울·경기·강원 지역에 거주하는 동문들이 매달 10~20명씩 정기모임을 갖는다. 서울 종로에서 만나 《금강경》을 간경하고 격월로 사찰순례를 다닌다. 앞으로도 이런 경전 공부에 게을리 하지 않아 진실한 불자가 되고자 하며 불법승 삼보를 믿고 수행도 열심히 하고자 한다.

　본래 자리로 돌아가야 한다. 잘 가던 배도 키를 잡지 않으면 방향 감각을 잃어버리고 좌초하고 만다. 이 세상을 항해하면서 본성의 키를 놓지 않고, 마음의 등불을 오래 지피도록 끊임없이 나를 찾아야겠다.

제2부

어떻게 살 것인가

내가 꾸는 행복

대법행 김영은

난 얼마나 부처님께, 부처님 가르침에 가까이 다가갔을까. 조상 대대로 불교 집안이었다. 이른바 모태신앙이라 부를 수 있을지 모르겠다. 어린 시절부터 절에 갔다. 20대에는 절에 다니며 가족들을 부처님 가르침으로 안내했다. 지금도 열심히 다니고 있고 친정어머니를 모시고 다닌다. 내가 절에 다니면서 느끼는 행복을 우리 가족들도 같이 느끼며 살아갈 수 있기를 바라는 마음뿐이다.

기도하는 게 좋다. 절에 가서 부처님을 뵙고 청정도량을 거닐면 참 마음이 편하다. 내 마음과 몸이 달라지는 것을 피부로 느낀다. 1주일 동안 도시생활에 찌들어 지친 심신이 가벼워진다. 어깨에 올라와 있는 무거운 짐들이 풍경 흔드는 바람에, 목탁 소리에 다 씻겨 내려간 듯하다. 그렇게 힐링이 되면, 내 얼굴에서는 웃음이 가득해진다. 마치 한 송이 아름다운 연꽃이 피는 기분이다.

그래서 집과 멀어도 절에 가서 기도하고 도반들과 신행생활을 했다. 친정어머니와 함께 시간 나면 가까운 절에 자주 가는 편이다. 10년 넘게 화성 신흥사新興寺 부처님께 인사 드리다 이사한 뒤부터 남한산성 장경사長慶寺를 다닌다. 작은 미용실을 운영하고 있는데, 오전 중 잠깐 시간을 내서 절에 가 기도하고 돌아와 오후에 영업을 한다. 사찰에 큰 행사가 있으면 일손을 거들기도 한다. 아무래도 생업으로 미용실을 하다 보니 주말에 시간 내기 어려워 주로 평일에 절을 찾는다.

가끔, 내 기도를 생각한다. 나인지, 친정어머니인지 아니면 가족인지 누구의 행복을 위해서일까. 또 무언가 부처님께 바라는 마음으로 기도하고 있지 않나 돌이켜본다. 누구나 인생 최대 목표로 행복을 말한다. 내가 꿈꾸는 행복은 어디에 숨어있나. 내 몸의 행복인가, 마음의 행복인가 스스로에게 물어본다. 행복이란 어떤 알 수 없는 공空을 좇아다니고 있는 게 아닐까.

내 마음속 깊은 곳에 있는 행복을 왜 마음 밖에서만 찾으려했을까 후회도 한다. 행복을 찾아 지금까지 엉뚱한 곳을 헤매고 다녔다는 사실을 알기란 쉽지 않았다. 행복이 어떤 특정한 곳에 꼭꼭 숨어 있는 게 아니라 내 마음속 가까이 모습을 감추고 있는

데도 말이다. 부처님 가르침 또한 행복의 열쇠가 아니었던가.

한 번쯤 내가 누구인가에 대해 관심 갖고 자문할 일이다. 어디에서 왔고 왜 지금 이곳에 존재하며, 어떻게 이 세상을 살다 어떤 모습으로 어디로 가는지…. 지구라는 별에 빈손으로 와서 무엇을 얼마나 손에 쥐고 어디로 가려고 하는 것일까. 거듭 생각해보면 참 신비하고 알 수 없는 수수께끼다.

내 집, 내 새끼, 내 돈, 내 아내, 내 남편… 나 아닌 것과 단단히 벽을 쌓고 금을 긋고 차단하고 있다. 내가 단단한 만큼 벽에 가려진 남이 생긴다. 그리고 계속 내 쪽에 무엇을 끌어다 놓고 그것을 내 것으로 삼으려 한다. 마치 누에가 고치를 짓고 그곳에 들어앉아 있는 것처럼. 나를 중심으로 하나의 단단한 둥지를 만들고 있는 건 아닌가. 좋은 일 생기면 내 복이요 나쁜 일 생기면 남 탓으로 돌린다. 나 역시 그랬다. 처음 본 사람은 남이요 가까운 곳에 사는 이는 이웃이었다. 가족 같이 지내다가도 어느 날 갑자기 나나 내 가족에 해가 되면 바로 등을 돌리기도 한다.

부처님 공부 더 하고 미용기술 살린 봉사도 하고 싶다. 그래서 디지털대학 신도전문과정에 입학했다. 손님이 뜸한 시간에 동영상을 보면서 공부했다. 교육 자료를 시청할 땐 그렇게 흥미롭고, 이 좋은 공부를 이제야 했다는 생각이 들기도 했다. 디지털대학을 졸업하며 부동품계를 받았다. 개인 사정으로 포교사시험엔 응시하지 못했지만 다음을 기약해본다. 배운 내용을 정확히 기억할 수 없어 교재도 미리 모두 사놓았다.

훗날 포교사로서 불자로서 기도와 신행, 봉사로 나뿐만 아닌 인연 닿은 모든 존재들의 행복을 위해 살고 싶다. 내 주변에 생활이 어렵거나 몸이 불편한 이웃을 위해 내가 할 일이 무엇인가 찾아보고 그들과 함께 어울리며 봉사활동 열심히 해야겠다. 그동안 좋은 일, 안 좋은 일 모두 뒤섞여서 정신없이 흘러갔지만 앞으로 쉬지 않고 다가오는 내 미래에 대해서는 호기심이 나기도 한다. 알 수 없지만, 행복한 일이 일어날 것이라는 기대가 생긴다.

지금 중요한 것

심우 김인수
광주전남 지역단 북부지역 교정교화팀

"그렇게 좋은 종교와 스승은 혼자만 갖지 말고 같이 만납시다."

이 말 한마디가 지금 나를 있게 했다. 아내는 보살이다. 내가 불자이자 포교사의 길을 걷게 된 이유가 아내였다. 아내는 큰아들 돌 전부터 절에 다녔다. 신심이 깊었다. 아들을 업은 채로 절을 했다. 왜 저렇게 부처님을 찾아가는지 그땐 몰랐다. 그때 꺼낸 말 한마디가 "혼자만 알지 말고 같이 만나자"였다.

절과 부처님에게 성큼 다가갔던 계기는 큰아들이 고등학교에 진학할 때였다. 원효사元曉寺나 증심사證心寺에 아침 일찍 청수를 올리는 일을 하면서부터 부처님과 더 가까워졌다. 당시만 하더라도 내 신앙은 기복이었다. 그러던 중 다행히 청화清華 스님을 친견했다. 스님이 쓴 《정통선의 향훈》이라는 책을 읽고 또 읽었다. 한 발짝 더 부처님께 다가가고 있었다. 불서를 틈틈이 읽었고 점점 부처님에게 빠져들었다.

풀리지 않은 의문이 생겼고, 관음사 호남불교대학에 입학했다. 야간에 2시간, 생업을 끝마치고 1주일에 두 번씩 호남불교대학에서 부처님 공부를 했다. 꼬박 2시간 채우고 집에 돌아가면 밤 10시쯤 되는데, 무척 고단했다. 아내는 "얼굴이 밝다"고 했다. 사실 초발심이었기에 부처님 생애와 가르침을 하나씩 배워가는 일은 환희로웠다.

좌복이 그렇게 편했다. 하루하루 배우는 부처님 가르침을 곰곰이 생각하는 시간이 늘어갔다. 내 삶을 돌아보며 미래를 그려보기도 했다. 살아왔던 길이라는 게 실상 없는 허상만 좇고 있었다. 눈에 보이는 현상에만 끄달렸던 것이다. 큰 집과 좋은 차를 목표로 살아왔다. 부처님을 닮고 싶었다. 진면목을 찾고 싶었다. 그러자 아내가 권유하여 1999년 포교사고시에 응시해 합격했다.

2000년은 내게 잊지 못할 기억으로 남았다. 한국불교총본산 서울 조계사에 감격스러운 첫발을 디뎠다. 조계종 포교사단이 출범한 그해, 불자로서 포교사의 한 사람으로서 당당히 자리했다. 가슴 가득 차오르는 벅찬 감동을 받았고, 가족을 불법 안으로 이끌겠다고 발원했다. 이 좋은 스승과 가르침을 혼자만 알기엔 너무

아까웠다. 아들과 딸 그리고 일가친척 모두에게 부처님을 소개하려고 했다. 나보다 수승한 아내만 빼고. 아직 가족 포교는 미완의 과제로 진행 중이다.

그해, 초보 포교사로서 정말 열심히 살았다. 부처님 법 실어 나르는 수레를 자처하며 손이 필요한 곳을 찾아다녔다. 소년원, 그러니까 고룡산업정보고등학교에 소년보호지도위원으로 위촉됐다. 선배 이재언 포교사와 같이 주말 법회에 참석했다. 첫 기억이 생각난다. 백남용 팀장과 팀원들이 《천수경》부터 〈발원문〉까지 1시간 30분에 걸쳐 염불봉사를 했다. 함께 했다는 뿌듯함이 남아 있다. 그 후 저녁 7시 무료봉사를 원칙으로 쉼 없이 정진했다.

군포교에도 소홀하지 않았다. 31사단 신병교육생을 상대로 일요일 법회를 담당했다. 군종법사와 약 300~500명 군장병의 공양물 챙기는 일이 여간 쉽지 않았다. 좀더 많은 군장병들에게 공양물을 전하고 싶었다. 집에서 쌀을 물에 불려 방앗간에 직접 가지고 갔다. 따끈따끈한 절편이 나오면 그 자리서 비닐 포장한 뒤 공양물로 가져가곤 했다. 힘들었지만 근근이 후원도 받았고, 법회는 사물놀이와 악기 연주도 하는 등 규모가 커져갔다. 훗날 불허 방침이 떨어져 중단됐지만.

생업도 생업이지만 그렇게 바쁘게 전법에 몰두했다. 그러다 2004년 포교사단 광주전남 지역단장 소임을 맡았다. 포교사들 전법을 전폭 지원하는 일꾼이라고 생각했다. 행사가 끝나면 여기저기 살펴 뒤처리를 했다. 법회를 주선하고 교육 프로그램을 만들고 매달 발행하는 회보를 곳곳에 배달하기도 했다.

수용자와 무슨 인연이 있었던 걸까. 1999년 포교사고시에 합격한 뒤부터 광주교도소에서 교정교화 활동을 하고 있다. 삼중 스님 책에 소개된 수많은 사례를 읽으며 깊은 감동을 받았다. 스님처럼 다른 사람이 돌보지 않고 꺼려하는 곳에서 부처님 가르침을 전하고 싶었다. 사실 남들이 보지 않는 곳이라면 누군가에게 잘 보이고 싶다는 마음이 생기지 않겠다는 나름 이유도 있었다. 상相을 내지 않는 부처님 제자로 살고 싶었다. 나누고 베풀면서 자기도 모르게 '무언가 돌려받겠지' 하는 마음이 일어날 여건이 허락되지 않는 전법현장이 교도소라고 생각했다. 그래서 몇 줌 빛도 허락되지 않는 교소도로 향했다.

죄가 미울 뿐이다. 사람은 똑같아서 참회하고 무명無明만 벗으면 부처님 제자로서 도반이다. 누구나 불성佛性을 갖고 있다. 무명 속에서 지은 죄가 더 두려운 법이다. 잠깐 실수해서 나와 처지가 다를 뿐이라고 생각하고 있다. 죄인이라는 단어에 걸려 거슬리는 마음이 일어날 때면 석종사 금봉선원장 혜국 스님 말씀을 곱씹는다. 혜국 스님은 《신심명-몰록 깨달음의 노래》에서 "아침마다 떠오르는 해는 그 태양빛을 누구에게나 똑같이 비춥니다"며 "크다 작다, 좋다 나쁘다 하는 차별이 전혀 없습니다. (…) 똑같이 준다는 생각도 없이 조건 없이 그냥 주고 있지 않습니까"라고 했다. 무주상보시를 바라는 내 마음이 이렇다.

처처불상處處佛像이요 사사불공事事佛供이라는 뜻을 요즘 가슴 깊이 새기게 됐다. 두두물물이 부처님 아님이 없는데 근본을 떠나 엉뚱한 곳에서 해답을 찾으려니 더욱더 조급해진다. 원망하는 마음과 남 탓하는 마음에 자신의 존엄을 망각하게 되고, 내가 곧 부처인데 중생에 갇혀 사바고해를 헤맨다.

어쩌면 수용자들은 내게 복전일지도 모른다. 시인 정호승도 그의 시 〈걸인〉에서 '처처불상 사사불공'을 말했다.

그대에게 적선의 손을 내미나니
뿌리치지 마시라 부디
무량수전이 어디 부석사에만 있었던가
(정호승 〈걸인〉 중에서)

부석사 무량수전이 내겐 교도소며 적선의 손을 내미는 이가 수용자이며, 수용자는 내 불전함이다. 적선하는 동전 한 닢 떨어지는 소리가 천년이 걸리더라도 내겐 교정교화 활동이 부처님 일이다. 수용자들에게 부처님 말씀 전하며 오히려 바깥세상보다 부처님 공부하기 좋은 곳이니 사경이라든지 염불 또는 절수행을 권한다. 2003년부터는 무연고 수용자들에게도 시선을 돌렸다. 그들에게 매달 영치금을 보시하는 자매회 가운데 가장 오래된 연꽃자

매회 주축 멤버로 참여했다. 지금까지 쉬지 않고 광주교도소 법회를 진행 중이다. 현재 불교분과 사무국장 소임을 맡아 법회 준비 등 불교행사를 도맡아 하고 있다. 매주 수요일 법회와 자매회 각종 행사 후원, 부처님오신날에 전 재소자 공양물 보시, 체육대회 후원 등 예수탄신일과 수계법회 등을 거들고 있다. 갈수록 근력이 떨어지는지 부처님 닮아가는 일은 더 어려워진다.

오계 지키기 어렵고 분별하고 이해관계에 따라 미워하는 마음도 일어나고 자식들에게 부처님 법 전하기도 어렵다. 자신에게 엄격하게 계를 잘 지키는가 묻는다면 쉽게 답이 나오질 않는다. 그렇지만 부처님 법 만나 그나마 조금이라도 성숙해졌고, 좋은 인연 많이 만났고, 지혜가 생겨나니 만족하고 감사하다.

탐진치 삼독에 가려 참자아를 망각하여 허송세월 보내며 방일하지 않은지 돌아보며 편리함을 좇아 나태해지고 쾌락에 물들어 계 지키기가 어려워지진 않았나 경계해야 할 것 같다. 회향을 잘해야 할 때다. 마무리 일수도 있고 뒷정리일수도 있듯, 나눌 수 있는 것은 지식이든 경험이든 또 재산까지도 합당한 곳에 내려놓고 간다면 지금 중요한 것은 무엇일까. 자신을 속이지 말아야 할 것이다.

아침 5시, 예불을 올릴 때 봉독하는 〈백팔참회기도문〉에 담긴 참회, 감사, 발원 세 가지가 모두 절실하다.

물러서지 않는 힘

대각성 **리민자**

대전충남 지역단 서부총괄 지역봉사1팀

새벽 4시 알람 소리에 눈을 뜬다. 맑은 정신으로 자리하기 위해 세수를 하고, 주변을 정리한다. 불교방송을 켜고 아침예불을 기다리며 눈을 감고 조용히 호흡을 가다듬는다. 아침예불이 끝나고 백팔배까지 마무리 하면 오늘 하루가 시작된다.

53선지식 초청 친견법회가 있는 날이다. 소나무 숲과 솔내음이 가득한 향기로운 사찰, 대한불교조계종 제7교구 수덕사 말사인 서광사瑞光寺에서는 매월 둘째 주 일요일에 선지식을 초청하여 53선지식 친견법회를 개최한다. 특히 이번 법회는 방곡사 회주 묘허妙虛 큰스님을 모시고 우리 포교사단 지역봉사1팀에서 설판設

辦(법회를 열 때, 스님과 신도들이 법회의 비용을 마련하는 일) 공양을 올리는 날이라서 더욱 의미가 있다. 준비해둔 포교사복을 더욱 경건한 마음으로 갖추어 입는다.

"포교사란 일반 불자와 스님들 사이에 위치하며 상황과 공간에 따라 여러 가지 역할을 수행할 수 있는 자질을 갖추고 신심信心, 원심願心, 행심行心을 겸비한 재가지도자이다. 포교사의 사명은 '포교가 곧 수행'이라는 확신으로 삼보를 호지하고 보살도를 실천하며 정법을 홍포하고 불국토를 건설함에 자율적이고 능동적으로 참여한다."

예비포교사 교육을 받을 때 반드시 숙지해야 할 내용이라고 강조한 포교사의 역할과 사명이다. 포교사복을 입을 때면 항상 처음 포교사복을 입을 때의 마음가짐을 변함없이 이어가기를 다짐한다. 포교사로서 나의 역할은 무엇이며, 서 있을 자리가 어디인지를 다시 한 번 상기하면서 숙연한 마음이 된다.

결정적으로 '포교사가 되어보겠다'고 생각한 것은 서광사 주지스님으로 계셨던 인곡당仁谷堂 법장法長 스님을 뵌 인연 때문이라고 생각한다. 오래 전 우연한 기회에 서광사를 찾아갔다. 그 당시 법장 스님께서 주지스님으로 계셨다. 법장 스님을 뵙고 그 인연으로 청년법회에 동참하면서 불법을 공부하게 되었다. 법장 스님께서는 마냥 인자하신 모습으로 신도들을 맞아주셨고, 나는 그런 스님 모습에 막연하게 멀게만 느꼈던 스님들을 다시 생각하게 되었다. 사찰을 찾아갔을 때, 스님을 뵙게 되면 먼발치에서 합장만 하고 지나갔는데, 불법 공부를 하면서부터 궁금한 것들을 여쭈어 보기도 하고, 차를 청하기도 하면서 불교와 좀 더 가까워졌다.

그렇게 생활을 하면서 시간이 지나갔다. 하지만 드문드문 청해 듣는 법문과 혼자 하는 공부만으로는 한계가 있었다. '좀더 체계적으로 공부하는 길이 없을까?' 찾아보고 있던 차에 서광사에서 불교대학을 개강한다는 소식을 듣고 망설임 없이 문을 두드렸다. 불교 입문, 불교개론, 불교의 이해와 신행, 부처님의 생애 등 기초적인 것부터 처음 시작한다는 마음으로 차근차근 익혀나갔다. 이후 불교대학원에 진학해《금강경》과《원각경》을 공부했다.

어렵게만 여겨 좀처럼 다가가지 못했던 경전을 공부하면서 부처님 법을 이해하는 데 많은 도움을 받았고,《법화경》까지도 볼 수 있다. 불교대학원 과정이 끝나갈 즈음에 대학처장이자 서부총괄팀장께서 포교사고시 지원을 권유하였다. 좀더 깊이 공부하고 싶다는 열망으로 포교사고시에 지원했고, 예비포교사 연수를 거쳐 포교사가 되었다.

포교사 연수 과정 중에서 처음 시작한 것은 '청소년 자기도전 포상제' 담당자 역할이었다. '청소년 자기도전 포상제'란 여성가족부가 주최하고 한국청소년활동진흥원이 주관하여 만9세~13세 청소년이 자기 개발·신체 단련·봉사·탐험 등 4가지 활동영역에서 일정기간 동안 자기 스스로 정한 목표를 성취해가며 숨겨진 끼를 발견하고 꿈을 찾아가는 자기 성장 프로그램이다.

총괄팀장님이 어린이·청소년 포교에 관심이 많아 어린이·청소년들에게 전법하기 위한 방편으로 이 프로그램을 선택하였다. 포상 담당자는 어린이·청소년들에게 본인들이 정한 목표를 성취할 수 있도록 지원해주는 역할이었다.

금, 은, 동장으로 나누어 포상을 하는데, 정해진 목표를 이루기 위해 노력하여 성공했다는 성취감은 어린이·청소년들에게 금, 은, 동 구분 없이 귀한 선물을 안겨주었다. 아이들과 함께 프로그램에 참여하면서 어쩌면 어른들에게 더 필요한 프로그램이 아닐까 하는 생각이 들었다. 평소에도 어린이 포교에 관심이 많았다. 좀 더 깊이 있는 지원을 하기 위해 포상 담당관 직무연수를 받고 위촉장을 습득하였다. 이제는 포상 담당관으로 프로그램을 기획하고 운영할 수 있을 정도가 된 것이다.

포교사 연수를 마치고 포교사증을 받으며 서부총괄 지역봉사 1팀에 배정되었다. 지역봉사1팀 포교사들은 대부분 서광사가 재적사찰이다. 따라서 포교활동에 대한 의견 수렴도 그리 어렵지 않게 이루어졌다. 지역봉사1팀에서는 '기본에 충실하자!'는 모토를 갖고 매월 1회 정기모임을 했다.

월례 행사인 53선지식 친견법회 지원을 가장 큰 활동 목표로 세웠다. 토요일 백제미소길 걷기 동참으로 시작하여 다음날 53선지식 친견법회를 돕고 오후에 포교사 회의를 했다. 그러니 포교활동 모임 회의에 따로 시간을 내야 하는 번거로움이 없어졌다. 평일에는 직장에서 일을 하고 주말이나 공휴일에 주로 활동을 하고 있는 나로서는 부담 없이 회의에 참여할 수 있다.

　포교사로서 올해 가장 보람 있었던 일은 차별화된 부처님오신날 프로그램을 운영한 것이다. 부처님오신날 법회가 끝난 후에도 의미 있는 사찰 방문이 될 수 있도록 하루 동안 체험 행사를 운영해보자고 했다. 나만의 도자기 만들기, 연등 만들기, 탁본, 팝콘만들기 등 체험코너를 만들어 가족이 함께 참여하도록 하였다. 행복해하는 사람들을 보면서 포교란 바로 이런 것이며, 이런 기회를 통해서 확산되어 발전하고 펼쳐져 가는 것이라는 것을 가슴 가득히 느꼈다.

　또 한 가지 보람 있는 일은 좀더 보람 있고 의미 있는 기여 활동을 하고 싶다는 염원이 있었는데 53선지식 친견법회에 설판 공양을 올려 그 뜻을 이룰 수 있었다는 것이다. 이번 법회에서 법문을 열어준 묘허 큰스님께서는 "이생의 모든 인연은 전생의 인과로부터 비롯된 것이다. 주변에 있는 사람들에게 복을 짓고 덕을 베풀어야 다음 생애서 복덕을 받게 된다"고 설하셨다. 선지식께서 설하신 법문을 가슴에 깊이 새기며, '아하! 그랬구나. 그렇구나!' 그동안의 생활과 주변을 다시 한 번 챙겼다.

　오늘도 하루를 되돌아보며 차분히 성찰을 해본다. 내가 한 일들이 부처님 법 안에서 바르게 행하여졌는지, 자신의 성취를 위하여 다른 이들을 힘들게 하지는 않았는지 불교대학에 입학하면서 내 생활의 지침서가 되어준 조계종 신도 교육교재 《불교입문》에 있는 '일일 점검표'와 '연간 점검표'를 체크해본다. 그리고 "나는 포교사다! 내 자신이 바로 포교다!"라고 마음을 다잡으며, 발원한다.

"부처님 제가 포교사라는 신념을 갖고 물러서지 않고 앞으로 나아갈 수 있도록 힘을 주소서! 현재에 안주하여 게으르지 않고 항상 노력하고 정진하는 포교사가 될 수 있도록 힘을 주소서!"

부처님 옷깃
부여잡고

자명 모규엽

축서사 보광전에 홀로 앉는다. 신라 시대 비로자나毗盧遮那 부처님을 대면한다. 큰 귀 늘어뜨리고 지권인智拳印에 반개한 눈 사이로 뻗어 나오는 안광에 주눅이 든다. 그래도 눈빛을 교환해본다. 불법으로 세상을 환하게 밝혀 놓았으나 마주한 중생은 그 빛 속에서 어둠만 보고 있다. 움켜진 손 안에 내 마음이 들어 있다고 말씀한다. 그 손가락을 펼쳐 보지 못한다. 그만두고 눈을 감고 눈앞의 부처님을 떠나 내 마음속 부처님으로 가볼까. 그 길을 찾을 수가 없다.

부처님 옷깃도 스쳐보지 못했다. 의심만으로 가득한 마음에 불법은 구름을 거두고 나타난 빛이 돼줄 수 있을까. 왜 축서사를 찾는가. '나는 누구인가'에 답을 구하기 위해서다. 무여 스님은 누구든 친견에 응해 주신다는 말을 듣기도 했다. 스님의 처소인 응향각凝香閣을 두근거리는 가슴을 안고 서성거렸다. 여름 휴가 때, 지리산 원통암에서 만났던 스님 얼굴이 떠올랐다.

할머니 손잡고 절을 다닌 이른바 '모태불교 신자'다. 사람으로서 진실된 삶을 사는 방편으로 택한 종교가 불교다. 도덕적인 일상의 반복이 점수漸修이며 점오漸悟라고 여기고 건강한 중산층을 자신하며 살았다. 부처님오신날이면 으레 등을 달았고 가족과 전국 사찰을 순례하는 정도만으로도 불자라 자신했다.

2014년 8월, 여름이었다. 누나와 여동생 가족들과 휴가를 보내러 지리산 의신마을을 찾았다. 가족 모두 불자여서 화암사, 쌍계사, 칠불사 부처님을 참배하는 일은 휴가 일정 중 하나였다. 장엄한 새벽예불과 저녁예불에 동참도 하며 가족과 휴가를 보낸다. 숙소 인근을 찾아보니 원통암圓通庵도 있었다. 한 시간 정도 산 밑에서 걸어 오르니 깔끔하고 아담한 암자가 정상에 가까운 중턱에 자리하고 있었다. 인기척이 드문 암자였다. 절하는 누나와 동생, 아내를 뒤로 하고 잠시 수식관數息觀을 하고《반야심경》을 봉독했다. 그즈음 스님 한 분이 다가왔다. "차, 한 잔 하시지요."

스님들과 대화를 피해왔던 자신을 직면했다. 법문보단 혼자 책 읽으며 습득한 지식으로 가득 찬 오만한 신자였다.《반야심경》

의 "무지역무득無智亦無得 이무소득고以無所得故"를 묻는 스님 질문에 말문이 막혔다. 스님은 가만히 찻잔에 찻물을 부었다. 재적 사찰이 있느냐 묻는다. 없다고 답했다. 법명이 있느냐 묻는다. 없다고 답했다. "부처님 만나는 것을 겁내는 분이군요. 큰스님 법문 많이 들으시고 절도 많이 하십시오." 스님의 법명을 알고 싶었다. "몰라도 됩니다. 인연 있으면 이름 몰라도 또 만날 수 있지요." 영화나 소설 같은 말씀을 남긴 그 스님이 축서사를 추천했다.

휴가를 마치고 스님도 축서사도 잊고 지냈다. 수확의 계절 가을이 왔다. 불현듯 원통암에서 만났던 스님과 축서사가 생각났다. 추석을 1주일 앞둔 일요일 새벽, 아내와 함께 축서사로 향했다. 절집을 염탐하듯 이리저리 기웃거렸다. 그러다 보광전에 앉아계신 비로자나 부처님을 뵀다. 형언할 수 없는, 지금까지 느껴보지 못한 감정에 휩싸였다. 그리고 그때 처음으로 반문했다. '진정, 나는 누구인가.'

사성제와 삼법인, 연기로 뒤덮인 세상 속에 분별심이 적은 나, 정견·정사유·정어·정업·정명·정정진·정념 등 팔정도를 노력하는 나, 정정으로까지 갈 수 없는 나, 돈오돈수는 없고 점오점수만 가능하다고 여기며 살아온 나. 축서사에서 비로자나 부처님을 친견하고 나서야 비로소 나를 바라보기 시작했다.

추석 연휴, 다시 축서사를 찾았고 무여 스님을 예방했다. 설 연휴에는 삼남매를 데리고 축서사에서 2박 3일 템플스테이를 하고,

무여 스님께 세배를 올렸다. 그 후로도 큰스님을 뵈면 인사드린다. "가족들이 무탈하냐" 물으시면 "그렇습니다" 대답만 올린다. 무탈하냐는 물음 하나에 많은 의미가 담겼으리라 짐작한다.

나만, 우리 가족만이 우선이었다. 나와 이웃 그리고 사회까지 바라보는 시야를 좀더 넓히고 싶었다. 조계종 포교원 디지털대학에 입학했고 수료했다. 강좌를 수강하며 불교에 대한 지식이 한층 깊어지면서 또 하나의 '나'가 생겼다. 하지만 아직, 난 내가 누군지 모른다. 시시각각 달라지는 모습이란 사실을 확연하게 알았다.

신행하며 지내는 동안 부처님 옷깃이나 스쳤을까. 부여잡고 빌고만 있을까. 부처님 옷깃 부여잡고 열심히 뒤따르겠다는 원력을 다시 세워본다.

자기를 속이지 마라

지민 박돈우

경북 지역단 염불포교 황련팀

슬픔은 한꺼번에 찾아왔다. 한여름, 시야를 순식간에 가리는 폭우처럼 갑작스러웠다. 의사의 입술 사이로 빠져나오는 단어 하나하나가 거센 빗줄기 같았다.

"의사의 한계를 느끼고 이런 말을 할 때가 가장 힘듭니다. 최선을 다했습니다만…"

말끝을 흐리는 의사의 입을 뚫어져라 쳐다봤다. 아니, 아득해지는 정신을 부여잡느라 의사의 말을 제대로 듣기 어려웠다.

"마음의 준비를 하는 게 좋겠습니다."

중학교 졸업을 앞둔 12월 초였다. 딸아이는 급성골수성 백혈병이란 진단을 받았다. 1년 6개월 동안 절망과 희망이 교차했었다. 무균실 병동으로 입원과 퇴원을 반복하며 어린 나이에 힘겨운 투병생활을 버텼던 딸아이였다. 딸아이와 행복했던 시간이 바늘처럼 가슴을 찔렀다.

"아빠랑 발가락까지 닮았네!"

"정말 그러네, 아빠."

그런 딸아이가, 봄이 무르익는 오후에 지는 벚꽃처럼 혼자 긴 여행을 떠났다. 딸은 나에게 살아갈 희망과 의미였다. 빛이었으며 내 분신이었다는 사실을 딸의 빈자리가 말해주고 있었다. 아무것도 해주지 못한 후회와 자책으로 삶마저 포기하고 싶었다. 마음이 모래처럼 흩어졌다. 견디기 힘든 슬픔과 그리움의 시간이 계속됐고, 몸도 지쳐 체력은 바닥이 났다. 조금만 빨리 걸어도 몇 발자국에 숨이 턱까지 차올랐다.

어느 날 문득, 좀더 체력이 떨어지면 부처님께 절도 할 수 없겠구나 싶었다. 틈틈이 혼자 해오던 삼천배가 생각났다. 하지만 바닥난 체력으로는 혼자 삼천배를 할 엄두가 나지 않았다. 부처님께 마지막일지도 모를 삼천배를 올리고 싶었다.

무작정 같이 할 수 있는 곳을 찾았다. 성철 스님 가르침을 따르고 실천하는 아비라 카페가 있었다. 매월 셋째 토요일 저녁부터 다음날 새벽예불 전까지 삼천배를 하는 포항과 대구 도반의 도움으로 해인사 백련암과 인연을 맺었다. 백련암을 둘러보고 지심귀

명례至心歸命禮를 따라하며 삼천배를 하던 날, 관음전을 가득 채운 분들의 뜨거운 신심과 열정이 내 지친 마음과 몸을 움직였는지 모른다. 포기하지 않고 삼천배를 마친 후 심공心空이란 법명과 삼서근(麻三斤)이란 화두를 받았다. 법명을 주신 스님께 물었다.

"스님! 마음을 비워야 합니까?"

"예. 너무 늦게 왔습니다."

스님께서 선문답처럼 하시던 말씀이 그날 새벽, 서늘한 바람처럼 기억된다. 꾸준히 삼천배 정진에 참가했지만 끝날 때마다 너무 허전했다. 계속되는 허전함과 그 허전함의 원인을 풀지 못해 답답했다. 신문에 실린 봉암사 스님의 소참법문小參法門에 답이 있었다. 아니, 백련암 첫 삼천배 정진 회향 후 받은 법명과 문답에 이미 그 해답이 있었지만 알지 못했으리라.

"법당에서 소원을 비는 기도는 초급이다. 부처님께 중생 제도 그만두시라고 말씀 드려야 한다. 당신을 대신해 자신이 깨달음 성취해 중생을 제도하겠노라 서원하는 것이 기도다."

삼천배 정진과 소참법문은 그렇게 쓰러진 나를 다시 일으켜 세웠다. 불교대학과 포교사 입문은 어느 날 우연처럼 찾아왔다. 하루하루 직장생활로 바쁘게 보내던 날 죽림사 앞을 지나게 됐다. 포항 불교대학 신입생 모집공고를 본 후 바로 접수하고 그해 2012년 봄에 입학했다.

대흥사에서 일요법문으로 불교 전반에 대한 교리를 들었으나 되새기지 못하고 듣고는 잊어버리는 일을 반복하고 있던 시기였다. 입학보다 앞선 2002년에 죽림사 자성 스님께 수계 받은 인연이 있었으나 공부 인연으로 이어가지 못했었다. 그래서 이번에는 아예 정식으로 공부를 해보자는 생각으로 등록했다. 막상 교리는 막연했고 강의가 끝나면 다시 책을 펴지 않는 날이 많았다.

불교대학을 졸업하면 끊어질 공부가 걱정이었다. 포교사를 발심한 이유도 부처님 가르침을 끊임없이 배우기 위해서였다. 늦었지만 포교사 시험 대비반에 합류했다. 불교대학 2년을 포함해 10년은 더 공부하고, 특히 초기경전 모두를 깊이 있게 읽어 보겠다는 목표도 세웠다. 포교사를 시작하면서는 전문포교사가 되기 위한 공부를, 전문포교사 품수를 받는 올해는 많은 고민 끝에 동국대 불교대학원에 입학했다. 아무리 어렵고 힘들더라도 부처님 공부라면 부처님께서 반드시 도와주신다는 어느 학인스님 말씀이 힘이 된다.

스님 외에도 내게 힘이 되는 인연들이 있다. 특히 죽림사에서 만난 주련이 뇌리에 강하게 남아있다. 글귀의 반만이라도 실천하고 살았더라면 하는 생각을 지울 수 없다.

성 안 내는 그 얼굴이 진정한 공양구요
부드러운 말 한마디 미묘한 향이로다
깨끗해 티 없는 그 마음은 부처님 마음이요

제2부 | 어떻게 살 것인가

청정한 그 성품은 영원한 법신이로다

面上無瞋供養具 口裏無瞋吐妙香

心裏無瞋是珍寶 無染無垢是眞常

아무튼 여러 인연으로 불연이 꽃을 피우고 열매를 맺으면서 포교사 품수를 받았다. 군포교팀에 배정돼 1주일에 두 번씩 전법을 시작했다. 장병들에게 할 설법을 시청각 가능하도록 적당한 분량의 자료로 만들었다. 눈빛을 반짝이며 듣거나 관심을 보이는 장병이 있으면 절로 힘이 났다. 최선을 다해 열정을 쏟았고, 법회에 사용하는 법요집을 책자로 만들어 모든 의식을 한글로 바꾼 일은 큰 보람이었다.

지금은 염불포교 황련팀에서 활동 중이다. 장엄염불 외에도 매월 넷째 주 일요일 자발적으로 봉사활동에 임한다. 80여 명 어르신들이 머무는 노인요양시설 정애원을 찾고 있다.

정애원 강당으로 향하면서 낯익은 어르신들에게 고개 숙여 인사드리면 대부분 말 대신 손을 흔들거나 저녁노을 같은 잔잔한 미소를 보내신다. 반갑다며 내미는 두 손을 잡으면 낮은 온기와 함께 사람을 향한 그리움을 함께 느낀다.

어르신들과 주변 모든 이들이 병 없이 건강하고 행복하게 지내길 기원하는 법회를 연다. 노래자랑, 웃음치료, 윷놀이, 백중 음식 공양, 기저귀 후원 등 봉사에 동참 중이다. 황련팀과 정애원이 봉사로 인연을 맺은 지도 벌써 15년째다. 크고 작은 장애와 노쇠해지는 몸과 마음은 머잖아 미래 내 모습일 수 있다. 순간을 살지만 영원히 사는 것처럼 욕심내며 사는 현재를 경책하고 있다. 생전예수재生前豫修齋 하듯 어르신들 뵙는 날이기도 하다.

정애원 봉사가 살아계신 분들을 위해서라면, 염불봉사는 반대다. 망자의 마지막 가시는 마음을 위로하고 보내드리는 일이다. 살아서 이별도 아픈데 가족이나 그 모든 것들과 영원한 이별을 해야 하는 마음을 헤아리기란 쉽지 않다. 그래서일까. 때론 염불이 자연스럽고 때론 간간이 막히고 땀에 젖기도 한다. 염불봉사를 할 때 단순히 경전을 읽는 데 그친다면 듣기만 괜찮은 염불에 불과하다는 생각이다. 경전의 뜻을 마음으로 되새겨 듣는 이들이 제불보살님의 감응과 가피를 받을 수 있도록 정성을 다하려 노력하고 있다. 염불봉사를 더욱 여법하게 하고자 팀에서는 전통방식을 따른 아미타번阿彌陀幡과 인로왕번引路王幡을 구입했다. 영단 좌우에 설치해 영단을 장엄했고, 불보살님을 모시고 의식을 진행하면서 의례의 참뜻을 되새기고 있다.

포교사의 가장 큰 어려움은 전법 현장에서 일어나는 일이 아니라 자기 자신을 다스리는 일이며 같은 포교사와의 생각 차이를 극복하는 일이다. 자기를 속이지 않고(不欺自心) 자기를 바로 보는 포교사 생활을 하고 싶다. 나는 부처님의 제자이다. 밝음이 오는 새벽, 향을 올리고 좌복을 편다.

늦은 귀의의 행운

무심 박성순

한때 무속 신앙에 빠졌던 난, 이제 당당한 불자다. 그림처럼 아름다운 섬진강 상류 인근 시골 마을, 1960년 12월 몹시도 추운 겨울이었다. 주위 많은 분들의 축복 속에 태어났다. 공무원 생활을 하던 자상하고 배려 깊은 부모님의 4남1녀 중 장녀였다. 시골이지만 부족함이 없는 유복한 가정에서 집안 어른들 사랑을 듬뿍 받으며 유년시절을 보냈던 기억이 난다.

중학교에 입학할 때는 4개면에 한곳뿐인 중학교에 들어가 12킬로미터가 넘는 비포장 신작로를 버스 타고 통학했다. 이 시절에 내 기본적인 인격 형성에 도움이 되었던 것은 아버지 영향이 컸다. 학교 도서관에서 수많은 책을 대여해 보시던 아버지 영향으로 책을 많이 읽게 됐다. 중학교 졸업 때까지 줄잡아 1,000여 권 정도 읽었다. 아마도 지금까지 살아오면서 이때처럼 독서량이 왕성했던 적은 없었다. 지금까지도 그때 읽었던 책들이 마음의 양식으로 자리 잡았다고 생각한다.

고교 시절에는 교육도시 광주로 유학을 해 부모님과 떨어져 광주 할머니 댁에서 학교 생활을 했다. 입학 전 처음 학교를 방문했는데 석양이 질 무렵 방문했던 학교 교정에 울려 퍼지던 가야금 선율에 매료되어 가슴이 뜨겁게 떨리던 기억이 지금도 생생하다. 입학을 하자 공부보다는 곧바로 가야금과 국악에 푹 빠져 꿈 많은 여고 시절을 그렇게 보냈다.

그러나 갑자기 기울어진 집안 사정으로 치열한 대학 시절을 보냈다. 그리고 졸업 후 직장생활을 하다가 결혼을 했다. 결혼 후 슬하에 1남1녀 자녀를 낳아 두 아이의 엄마로 육아에 전념했다. 종교가 필요하다고 느껴 가톨릭으로 향했다. 그러면서도 독실한 불자인 딸의 친구 엄마와 구기동 관음사를 가기도 했다. 부처님오신 날 꽃꽂이 봉사 때문에 찾았다. 하루 종일 봉사한 뒤 주지스님과 차담을 나누는데 굉장히 친근한 느낌이 들었다.

사실 난 세상이 다 아는 불교 집안의 딸이다. 아버지가 절에서 태어났다고 들었다. 할아버지는 아도화상阿道和尙이 창건했다고 전해지는 보성 대원사大原寺에 요사채를 시주하기도 했다. 주지스님이 할아버지 방에 묵으며 장기나 바둑을 두며 지내시던 기억이 난다. 그런 내가 무속에 빠졌다.

결혼 뒤 남편과 사이가 그다지 원만하지 못했다. 어느 순간 남편이 가정을 등한시했다. 가정은 바람 앞에 등불 같았다. 내 생활이 엉망진창이 됐다. 서로 다른 환경에서 성장을 한 탓에 좁혀지지 않은 견해와 무분별한 남편의 사회생활에 난 지쳐갔다. 절망하며 고통스럽게 보내다 무속신앙에 빠지게 됐다. 그들에게 의지하면서 내 생활은 점점 피폐해져서 정상적인 생활을 할 수 없을 정도로 힘든 시기를 보냈다.

결혼하면서 마음을 의지했던 가톨릭으로 돌아갈까 잠시 생각했다. 그때, 도반이 된 친구가 나타났다. 날 처음 절에 데려갔던, 포교사단 서울 지역단 북부총괄팀장이다. "불교는 깨달음의 종교다." 그 한마디가 나를 살렸다. 이상하게 울림이 컸다. 2013년이었다.

대대로 불교 집안이라고 해도 발원문 하나 외우지 못했던 나였다. 종교란에 불교라고 써도 늘 허전했던 시기였다. 불교대학에서 기초교리를 공부하고 체계적인 공부를 시작하면서 나도 새로운 생활을 시작하려고 했다. 시간이 여의치 않아 인터넷에서 기초부터 부처님 가르침을 배울 수 있는 방법을 찾았다. 조계종 포교원 디지털대학에 등록해 신도기초교리부터 신도전문과정을 마쳤다. 22기 포교사고시에 응시해 합격했고, 예비포교사로서 연수 중에 있다. 지금 귀의함을 후회하지 않는다. 지인의 소개로 한 스승을 만나게 됐다. 몇 천년 세월 속에 윤회되는 '나'는 사람의 몸을 빌었을 때 깨달음을 성취해야 한다고 말씀하시는 스승을 만난 행운도 찾아왔다. 무심無心이라는 불명을 받았을 땐 정말 원 없이 통곡했다. 너무 어지러웠던 마음 때문이었다.

이제는 달라졌다. 매일 《천수경》과 〈관세음보살 보문품〉 그리고 《금강경》을 완독한다. 선망부모先亡父母와 유주무주有主無主 떠도는 영가들에게 법보시를 하라는 가르침을 실천하려고 한다. 부지런히 매일 정성스럽게 독송하면서 불보살님 가피를 얻고 윤회를 거듭하면서 지었던 수많은 업장과 원한을 풀며 견성하는 그날까지 화두를 놓치지 않겠다.

길을 여는 사람

자광 박종안

부산 지역단 사찰문화 해설 금정팀

어김없다. 매주 일요일이면 부산 금정산 자락에 사람들이 북적인다. 등산객, 외국인 방문객과 여러 불자들 그리고 다른 사찰의 신도들이 개인 또는 단체로 조계종 제14교구본사 금정총림金井叢林 범어사梵魚寺를 찾는다. 사찰순례든 관광이든 제각각 다른 목적으로 범어사에 든다. 이들은 일요일마다 범어사 일주문 앞에 정복을 가지런히 차려 입은 포교사들과 마주한다. 틀림없다. 외호신장外護神將처럼 서 있는 이들은 부산 지역단 사찰문화해설 금정팀 소속 포교사들이다.

금정팀은 모든 이들에게 산문과 석등, 탑, 괘불대, 범종루 및 대웅전을 비롯한 각 전각의 특징, 사물, 불상의 모양, 수인, 탱화 등에 깃든 부처님 가르침과 경전 내용을 설명하고 소개한다. 간단히 '하늘에서 내려온 물고기' 유래도 곁들이면 훌륭한 스토리텔링이되기도 한다.

신라 문무왕 18년, 그러니까 678년 의상대사가 범어사를 창건했다고 전해오고 있다. 《동국여지승람東國興地勝覽》에는 산꼭대기에 가뭄에도 마르지 않는 금빛 우물이 있는데, 하늘에서 내려온 물고기가 놀았다고 한다. '금빛 우물'에서 딴 이름으로 '금정산金井山'이라 했고, 이곳에 자리한 사찰에는 '하늘에서 내려온 물고기'라는 뜻의 '범어사' 명칭이 붙었다고 한다. 해인사, 통도사와 함께 영남 3대 사찰로 꼽히는 범어사의 한 암자에서는 일제강점기 전국 각지에서 쓸 태극기가 만들어지기도 했다.

'하늘에서 내려온 물고기'처럼 부처님 가르침이라는 '금빛 우물'서 노니는 불연은 어디서부터일까. 불현듯 되새겨본다. 포교사가된 지 이제 8년이라는 세월이 흘렀다. 불교와 인연 맺은 것은 아주 어릴 적 어머니 손을 잡고 따라간 경남 사천시 곤명면에 있는 다솔사多率寺라는 절부터다. 그때야 멋모르고 어머니 손에 이끌려 가서 그곳 동자승과 함께 친구 삼아 뛰놀고 즐겼던 기억밖에는 없다. 제법 머리가 굵어졌던 고등학생 때도 마찬가지다. 불교학생회에 가입하고 매주 토요일 혜원정사 법회에 참석하곤 했지만 신심이 깊어졌거나 교리에 관심을 갖는 등 불연이 두터워지진 않았다. 그때까지만 해도 아무런 뜻도 모른 채 《반야심경》이나 〈예불문〉을 외워 암송하던 게 전부였다. 언저리에서 노닐다 이후 불교와 인연은 단절되다시피 했다.

대학을 졸업한 뒤부터 스트레스의 연속이었다. 수출을 위한 해외 바이어들을 상대로 하는 업무를 오랫동안 하면서 많은 업무량과 성과를 이뤄야 한다는 압박감 등이 심했다. 가정을 이루고 가장으로서 책임감까지 하루하루 연속되는 삶 속에서 정신적으로나 육체적으로 지쳐가고 있었다. 아내가 손을 내밀었다. 아니, 더 정확하게 말하자면 불연의 씨앗이 싹텄다. 아내 권유로 2008년 범어사 금정불교대학 야간반에 입학했다.

1년 동안 불교에 푹 빠졌다. 기본교리와 문화, 역사 등 교육을 받으면서 차츰 매력을 느꼈다. 졸업을 앞둔 어느 날, 불교대학 선배로부터 포교사고시에 응해보라는 권유를 받았다. 포교사 고시 준비는 부처님 가르침을 보다 깊이 있게 공부할 수 있는 계기였다. 마침내 일반포교사 품수를 받았고, 같은 해 겸경사를 누렸다. 영어로 불교를 공부하고 외국인을 상대로 전법하는 국제포교사 품수까지 받았다.

일반포교사로서 첫 활동 무대가 사찰문화 해설 분야인 금정팀이었다. 범어사를 찾는 많은 불자와 신도들에게 범어사를 안내하며 부처님의 가르침을 전달한다. 안내를 듣고 환희심에 기뻐하는 불자들을 보면서 많은 보람을 느끼게 되었다.

보람이 클수록 더욱 열심히 공부하고 수행했다. 우선 스스로가 부처님의 위대한 가르침에 담긴 깊은 의미를 알지 못하거나 자신의 삶이 바뀌지 않고서는 타인에게 사찰문화재에 깃든 진정한 부처님 가르침을 전할 수 없다는 생각 때문이었다. 자신부터 불교에서 참다운 기쁨을 찾을 수 있도록 교리와 경전을 공부하고 사시불공에 참여하는 등 정진했다.

마음에 변화가 일어나고 있었다. 놀라운 일이다. 처음에는 삶이 힘들고 어려워 삼보에 귀의했다. 기도를 올리고 많은 것을 바라기 위해 절을 찾았지만 상황이 나아진 게 없었다. 다만 그 상황을 바라보고 상대를 대하는 나의 마음에 변화가 일어나면서 한층 여유롭고 편안해졌다. 아내와 자녀들에 대한 관념도 바뀌었으며 그런 부분을 그들 역시 좋아하고 행복해했다.

교리와 경전을 공부하고 사시불공에 참여하면서 공덕과 내공이 만만찮게 쌓였다. 범어사를 찾는 많은 신도들이 부처님 가르침을 훨씬 쉽게 이해할 수 있도록 설명하는 능력도 자연스럽게 커져 갔다. 부처님 가르침과 경전 내용을 일주문―柱門, 천왕문天王門, 불이문不二門에 관련지어 설명할 수 있었다. 불이문을 안내하면서 제법무아諸法無我와 공空을 얘기하고, 공을 얘기하면서 《금강경》 제6분에 나오는 '지아설법知我說法 여벌유자如筏喩者'를 함께 얘기할 수 있었다. 나와 방문객, 나와 불자, 나와 신도가 그대로 불이不二를 얘기하고 있었다.

2016년 범어사 금정불교대학 졸업생들로 구성된 범어사포교사회(범포회)의 회장직을 맡게 되었다. 범포회는 출범 후 17년째 한결같은 행보가 있다. 일반 신자들을 회원으로 모집하여 전국 대덕스님들을 모시고 매주 일요일마다 법문을 듣는 일요법회를 봉행해오고 있다. 역사상 가장 풍요로운 시대에 살고 있으나 정신적으로는 가장 궁핍한 시대를 살아가는 현대인들에게 일요일 하루만이라도 고요한 산사에서 스님들의 훌륭한 법문을 듣는 기회를 제공하는 것이다. 일주일 동안 쌓여있던 번뇌와 괴로움을 씻을 수 있는 시간이라 믿는다. 법회가 계속 될수록 부처님의 숭고한 가르침이 지구촌 곳곳에 자리 잡을 수 있다는 확신을 갖게 됐다.

범포회 회장직을 맡으면서 법회를 널리 알려야겠다고 생각했다. 우선 전국의 대덕스님들을 모시고 진행하는 일요법회를 홍보하기 시작했다. 다행히 범어사 주지 경선 스님께서 물심양면으로 큰 도움을 주어 순조롭게 진행할 수 있었다. 《당신이 주인공입니다》의 저자 행불선원장 월호 스님, 《멈추면 비로소 보이는 것들》의 저자 혜민 스님, 불교TV 프로그램 〈나무 아래 앉아서〉의 진행자 정목 스님 등 일반인들에게도 널리 알려진 스님들을 초청해 법회를 봉행하고 홍보했다. 그 결과, 1년 사이 범어사 설법전은 매주 일요일 법문을 듣기 위해 오시는 불자들로 가득했다. 법회가 끝난 뒤 모두 환희심 가득한 표정으로 나가는 모습이 바로 부처님 모습이었다. 이렇게 좋은 부처님 가르침을 몰랐거나 기회가 없어 접할 수 없었던 사람들에게 길을 열어주는 것이 바로 포교가 아닌가 싶다.

이제 범포회 회장직에서 떠나 한국을 찾는 외국인들과 한국에 거주 중인 다문화가정 이주민들에게도 부처님 가르침과 한국불교 문화를 알리고 있다. 국제포교사회 회원들과 범어사에서 함께 활동하고 있다. 언어의 장벽, 문화의 차이 등으로 어려움은 있다. 이 또한 부처님을 향한 원력으로 극복할 수 있으리라 믿는다.

애당초 사찰문화에 담긴 부처님 가르침을 전하고 싶어서였다. 그러다보니 일반포교사, 전문포교사, 국제포교사 품수까지 받게 됐다. 품수를 받고자 노력한 과정에서 느낄 수 있었던 부처님 가르침을 향한 열정과 마음의 고요함이 항상 함께했음이 소중했고 감사했다.

삼보에 귀의한다고 해서 어려움이 없거나 사라지는 것은 아니다. 때로는 바쁘고 힘든 사업 때문에 시간 내기 힘들고 경제적으로도 부담이 있었다. 그럼에도 원래 없었던 것에 집착이 사라질 수 있음을 알기에 오늘도 수행하고 또 수행한다. 부처님 가르침이 가슴으로 느껴지는 그날까지 '포교가 곧 수행'이라는 마음으로.

삶의 이유

관음성 박 현

광주전남 지역단 북부지역 병원포교팀

"오늘 아침에 가셨는데요." 완화병동 간호사의 말을 뒤로하고 병원문을 나서는 마음이 허전하고 아프다. 요즘 회자되는 "뭣이 중헌디…"라는 말이 헛헛하게 새어나온다. '어제 왔어야 했는데…' 가고 옴에 끄달리지 않는 마음으로 살아야 한다지만 그래도 가고 옴은 화려하게 마지막을 불태우다 떨어지는 낙엽처럼, 아름답고도 허망하다.

　남편 고통을 생각하면 얼른 보내야 하겠지만, 이렇게라도 곁에 있는 것이 좋아서 잡게 된다고, 그래서 남편에게 죄를 짓는 것 같다고, 그렁그렁 눈물 한 가득이던 아내의 눈빛이 그토록 간절했건만. 오랜 시간 병원에 있었지만 스님도, 불자도 만난 적이 없는데, 이렇게 나를 만나게 되니 생소하지만 반갑다고 했다. 오늘 아침에는 수녀님이 오셔서 기도를 해주고 가셨고, 그녀는 남편이 가고나면 천주교로 개종을 할까 생각 중이라고 했다. 다음날은 일정이 있어서 하루 지나 왔더니 아내의 마음 한쪽을 가느다란 빛으로 지탱해주던 남편이 그예 길을 떠나셨나보다. 자다가도 지긋한 사랑의 눈으로 바라봤다던 눈길이 거둬진 세상에 아내는 무엇으로 살아야 할까.

나는 왜 이 길을 가고 있는 걸까. 수시로 찾아오는 물음이다. 즐거운 마음으로 할 수 있는 활동도 많은데 왜 병원포교를 하겠다는 마음을 낸 것일까. 그것은 어린 날부터 늘 내 주위를 도사리던 죽음 때문이었는지도 모르겠다. 죽음에 대한 두려움은 날이 갈수록 내 삶으로 들어왔다.

내가 태어나던 해는 지독히도 눈이 많이 왔었다고 했다. 태어나면서부터 잔병치레를 많이 했다. 엄마는 새벽 통금이 풀리자마자 나를 들쳐 업고 발이 푹푹 빠지는 눈길 속에 병원을 찾았노라고 하셨다. 시집온 지 1년밖에 안 된 새댁이 불이 나서 폐허가 된 스산한 시장을 무서운 줄도 모르고 지나갔노라고, 무슨 정신으로 그 길을 다녔는지 모르겠다고 하셨다. 병원비로 쓴 돈을 묶으면 지금 네 몸보다 더 클 거라고 이야기하면서 웃곤 했었다. 그런 엄마의 마음을 충분히 이해하고 있다고 생각했었다. 그러나 머리로 이해한 것일 뿐. 생과 사가 교차하는 현장에서야, 그 길을 뛰어가며 어머니가 어떤 마음이셨을지 아주 조금 알 듯하다.

엄마는 오빠 둘, 남동생 셋, 여동생 둘 중에 맏딸이었다. 엄마 위로 이모 둘이 있었는데 모두 어린 나이에 죽었다. 어렸을 때는 흘려들었던 이야기가 요즘 가슴 저리게 다가온다. 먼저 가버린 두 언니를 두었던 엄마가 아픈 아이를 들쳐 업고 눈밭을 헤치며 뛰던 심정이 어떠했을까. 그 시절에 눈밭 가릴 옷인들 변변했겠으며 눈길에 푹푹 빠지는 발을 온전히 덮어줄 신인들 변변했겠는가. 변변했다한들 그 시린 마음은 어찌했겠는가.

먼저 가버린 언니들을 따라가지 못했던 미안함. 그래서 당신의 부모와 가족을 위해 최선을 다해 노력했던 그 삶의 고단함. 그리고 자신의 몸을 빌려 태어난 생명을 죽음으로부터 지켜야 한다는 그 절실함. 그 간절함 때문에 엄마 또한 모두들 죽을 거라고 이야기했다는 그 시기를 무사히 건넜고, 나를 지켜냈는지도 모르겠다.

내가 지금 병원포교 현장에 있는 것이 어쩌면 너무나 당연한지도 모르겠다. 누군가의 희생을 담보로 연장된 나의 삶. 그래서 멀쩡히 다니던 학교에 명퇴를 신청하고 내 삶 전체로 회향하겠다는 건방진 발원을 가졌던 것 같다. 그리고 많은 이들을 만났다. 청소년미혼모, 재소자, 범죄 피해자들. 환자들, 환자의 가족들….

정토마을 홈피만 들락거리다가 2007년에 연을 맺었다. 그 뒤로도 몇 년을 교육 스텝으로, 교육팀장으로 활동하였다. 한국불교호스피스협회 광주전남지부장의 역할은 자연스럽게 포교사로서 병원임상 활동으로 연결되었다.

어렸을 때, 집 근처에 유명한 교회가 있었다. 부활절에 받았던 예쁜 달걀이 기억난다. 중학교 시절, 매주 경건회에 참여하고 〈시편〉을 외우고 무릎 꿇고 기도하는 아이의 그림을 보며 나도 저런 모습이고 싶다는 간절함도 있었다. 딸 네 명 중에 세 명이 사찰학생회인 화랑단 활동을 했는데 맏이인 나만 유독 교회를 나갔었다. 그러나 엄마는 내가 철이 들 무렵부터 매년 부처님오신날마다 직접 절에 가서 등을 달도록 했다. 그 말에는 도저히 거역할 수 없는 엄마의 권위가 있었다. 그렇게 다니다보니 등을 달면서 읊조리는 아줌마, 할머니들의 독경 소리가 마음에 들어오기 시작했다. 자연스레 읊조리게 되었다. 신묘장구대다라니였다. 그러고도 한참을, 나는 1년 중 하루만 절에 가는 '초파일 신자'였다.

아이를 불교유치원에 보내면서 자연스럽게 절에 나가기 시작했다. 그제야 제 집에 온 것 마냥 편안했다. 일요일이면 딸아이 손을 잡고 절에 나갔다. 지금 생각해보면 아이가 법당에서 피아노 반주를 하던 시절은 모녀가 온전히 부처님 가피 안에 있었던 평화로운 시기였던 것 같다.

절 처마 끝 바람에 흔들리는 풍경소리. 그 지극한 고요 속에 가슴 떨리는 열망이 있었다. 그것은 불제자로서 부처님과 같은 모습이 되고 싶다는 뜨거운 초발심이었다. 그 후 가톨릭재단 미혼모 시설에서 상담을 지원하고 가톨릭재단 영적돌봄 및 위기상담교육(CPE) 과정에서 강의를 할 때도 늘 불교계에서 활동하고 싶다는 마음이 있었다. 능행 스님과의 호스피스 교육 등 여러 시간 속에서 CPE 교육을 마무리 했을 때 지역단으로부터 병원포교팀장을 맡아주었으면 좋겠다는 제안이 왔다. 바빠서 제대로 활동할 수 없다는 나에게 팀원들도 지역단에서 꾸려주고 활동할 수 있도록 지원할 테니 맡아달라고 했다. 그렇게까지 말하니 거절할 방도가 없었다.

그렇게 병원포교팀이 결성되고 활동을 시작했다. 1년 반이 지났다. 그 시간동안 나는 무엇을 했을까. 시간은 지났고 병원에서 만났던 인연들은 이미 몸을 벗은 지 오래지만, 무엇을 했고 무엇이 남았는지 잘 모르겠다. 무엇을 하는지 무엇을 남겼는지 마음에 두지 않는 것이 진정한 보살도의 길을 가는 것이라고 위안하기에는 팀장으로서의 활동이 너무 미약해서, 팀원들에게 미안함이 크다. 또한 바쁘다는 이유로 온전히 함께 머물지 못했던 가버린 사람과 남겨진 사람 모두를 향한 미안함도 있다.

'병원포교는 왠지 어렵고 힘들다'고 주저하면서도 어려운 시간을 함께 해주는 병원포교팀원들. 나는 그들에게 무한한 감사를 느낀다. 삶과 죽음이 교차하는 병원포교. 병원포교는 마음만으로는 하기 어려운 부분도 많다. 나의 말 한마디가 죽음의 목전에 있는 이들에게 상처를 주지 않도록 늘 마음을 챙겨야 한다. 그리고 그러한 마음을 찾고 유지하도록 팀원들과 함께 이야기를 나눈다. 자꾸 약해지고 게을러지려는 나에게 함께 길을 가고자 마음을 내어주는 팀원들이 있다는 것은 부처님의 가피이다.

많은 사람의 이익과 행복을 위해 세상을 불쌍히 여기고, 인천 人天의 이익과 행복과 안락을 위해 길을 떠나라고 했던 부처님의 가르침을 받들어 오늘도 마음을 추스른다.

법주사에서 여명의 빛이 대웅전을 감싸고 돌 때, 무언가가 내 마음을 쳤다. 무엇을 잊고 살았는지, 어디로 가야할지….

기도했다. 나의 두려움이, 나의 분노가, 나의 주저가 부처님의 자비로 드러날 수 있기를, 아픈 이들뿐만 아니라 아픈 이들을 돌보는 이들에게 위안이 될 수 있기를, 나의 발원을 잊지 않기를….

불성을 찾아서

평담 배해익

울산 지역단 사찰문화 해설 울산팀

깨달은 경지에서 나타나는 자연 그대로의 심성은 뭘까. 불가에서 늘 불성佛性, 참나(眞我), 진여眞如라고 일컫는 그 자리는 어디에 있으며 뭐가 있는 것일까. 가식이나 인위적인 것을 일체 더하지도 빼지도 않고 모든 사람들이 갖추고 있는 심성이 있을까. 본지풍광 本地風光, 천진면목天眞面目, 법성法性, 실상實相 등이 내게도 과연 있을까.

옛 선사들께서 늘 '부모미생전父母未生前 본래면목本來面目'을 궁구하라 하셨다. '부모님 몸에서 태어나기 이전에 참나는 누구인가'라는 화두다. '참나'라고 하면 나라는 실체가 따로 있는 것으로 오해하기 십상이다. 그렇다면 진정 '나'는 어디서 어떻게 와서 어디로 가는 것일까. 젊은 시절의 난 항상 방황했다. '나'는 어디에서 왔는가? 팔다리와 몸뚱이, 이 육신을 끌고 다니는 이놈을 주관하는 그놈이 누구인지 정녕 궁금했다.

한때는 교회에도 나가서 그 답을 찾아보려고 애썼다. 그러나 결국엔 답을 찾기는커녕 오히려 자아 혼란에 빠질 때가 더 많았다. 왜냐하면 기독교 교리에는 답이 없었다. 그쪽에서는 절대적인 신이 있었다. 인간은 구원받아야만 영생할 수 있다고 했다. 이런 논리로는 내가 어디서 왔는지 궁극적으로 답을 찾을 수가 없었다.

난 아버지를 일찍 여의었다. 그 까닭에 고등학교를 졸업하고 집안 형편상 일반대학에는 진학할 여유가 없었고, 해군사관학교에 진학했다. 사관학교에서는 불교, 가톨릭, 개신교 등 세 가지 종교 가운데 하나를 의무적으로 선택해서 매주 수요일 저녁에 종교 활동을 해야만 했다.

어느 종교를 선택할 것인가 망설였다. 그런데 이미 고등학교 시절 기독교에서 나의 본성에 대한 답을 찾지 못하고 방황한 적이 있었다. 불연인지 필연인지, 아님 우연인지 사관학교 내에 있는 호국사 군법사스님을 뵙고 우리 전통 종교인 불교를 택하기로 했다.

처음인지라 참 낯설었다. 삼귀의, 오계도 모르던 나에게는 불교가 무척 어렵게 느껴졌다. 하지만 군법사스님을 뵙고 난 뒤 그 무엇인가에 홀린 듯이 시절인연이 가슴에 확 다가왔다. 법당에 앉거나 서서 예불시간에 뜻도 모르는《반야심경》을 봉독하고, 법당에 모신 석가모니불상 앞에서 알지도 못하면서 절하고 또 절하며 기도했다.

3월의 어느 날 밤이었다. 갑자기 비상훈련이 소집됐다. 전 생도들은 부리나케 전투복을 차려입고 군화를 신고 소총을 지참했다. 말 그대로 완전군장 상태로 연병장으로 총알처럼 내달렸다. 막사에서 연병장까지 계단을 수백개 내려가야 했고, 5분 이내 연병장까지 도착하기 위해서 모든 생도들이 필사적으로 날다시피 뛰었다.

어둠은 칠흑 같았다. 가로등이 켜져 있었지만 밤 시간이었다. 정신없이 뛰어 내려가는 와중에 계단은 눈에 잘 띄지 않았다. 가로등 불빛에만 의지해 윤곽을 드러낸 계단은 비상훈련이라는 다급함 탓인지 가물가물 보였다.

순식간이었다. '다 왔다'라고 생각이 들려는 찰나, 내 시선은 중심을 잃었고 계단이 코앞까지 다가오자 질끈 눈이 감겼다. 말 그대로 헛발질을 하며 내동댕이쳐지고 말았다. 문제는 그 다음이었다. 아픔을 느낄 틈도 없었다. 뒤이어 계단을 뛰어내려오던 생도들은 쓰러진 나를 발견하지 못하고 수도 없이 내 몸을 짓밟고 지나갔다. 온몸이 피투성이가 됐다. 가까스로 계단을 벗어나 풀숲으로 피해 얼굴과 등줄기에서 흘러내린 선혈을 팔소매로 훔쳤고,

이내 정신을 잃었다. 얼마나 시간이 흘렀을까. 백의의 관세음보살님께서 다친 내 몸의 상처를 인자하고 자비롭게 쓰다듬어주셨다. 문득 정신을 차려보니 진해국군통합병원 병상에 누워있었고, 창밖으로는 봄날 아침햇살이 따사롭게 내리쬐고 있었다. 난 두 달 병원 생활에 《반야심경》과 《천수경》을 달달 외웠다.

백의 관세음보살님께서 왜 나를 찾아오셨는지 헤아릴 수 없다. 비상훈련 소집에 부리나케 내달리던 계단에서 넘어진 내게 오셨다. 삼귀의, 오계도 낯설고, 법당에 계신 석가모니불상 앞에 알지도 못한 채 절하고 절했던 불자에게도 손을 내미셨다.

두 달 병원 생활 중 《반야심경》과 《천수경》을 외운 뒤 공부의 깊이를 더해갔다. 부처님의 중도사상中道思想과 사성제四聖諦, 팔정도八正道도 알게 되었고, 삼법인三法印도 알게 되었다. 제행무상諸行無常, 제법무아諸法無我, 열반적정涅槃寂靜 이 세 단어가 나를 다시 태어나게 하였다. 이전에는 뜻도 모르고 불상에 절을 하고 기도하곤 했지만, 이 사건이 있은 후로부터 왜 불상에 절을 하는지 진정한 의미를 알게 되었다.

부처님은 홀로 그리고 따로 수억만 리 밖에 계시는 것이 아니다. 나 자신이 부처님이며 그 불성을 가지고 있으리라. 녹록지 않았던 군생활의 위안이었던 불교에서 만난 군법사스님의 가르침이었다. 부처님은 법당에 모셔진 황금색 불상이 아니다. 그 불상을 통한 나 자신의 불성을 찾아가는 것이었다. 그래서 예배 대상으로서 예를 다하고 절을 올린다. 신의 종교에서 찾지 못했던 물음에 대한 명쾌한 해답을 찾은 것이다. 젊은 시절 '나는 누구인가?'라는 의문 덩어리에서 방황하다 한 줄기 빛을 본 듯이 반가웠다.

그러니 자연스럽게 신심이 달라졌고 신행에 변화가 왔다. 불상 앞에서 절을 하되 '나'를 떠난 불상에게 맹목적인 기복적 절을 할 것이 아니라 불상을 통해 '나'를 찾는 절을 해야 한다는 것을 알게 되었다. 비로자나불상을 보면 '나'와 '만유물萬有物'이 불성 아님이 없음을 알고 절을 하고, 석가모니불상을 보면 '나'라는 육신의 존재보다 사바세계 모든 중생들을 구제하겠다는 굳은 서원을 세우며 절을 하였다. 그리고 아미타불상을 보면 극락세계에 갈 수 있도록 기도하는 절이 아니라, 나 스스로 먼저 '나'의 업장을 맑게 하고, 청정한 계율을 지켜 이웃과 사회와 세계가 하나 되는 불국토 건설을 서원하며 절을 하게 되었다.

모두가 불성을 지닌 존재이니 나뿐만 아니라 남도 소중한 존재이다. 내가 곧 불상의 모습을 빼닮은 불성을 가진 것과 같이 남도 또한 불성을 가진 불상의 모습으로 나투고 있음이다. 불성을 담고 있는 그릇 모양이 다를 뿐이다. 법계에 두루한 만유물이 불성 아님이 없다. '나'는 불성을 가진 존재이며, '타인' 또한 불성을 가진 존재이며, 바닷가 모래알도, 시냇가에 구르는 돌멩이도 불성을 가진 존재이다.

젊은 생도 시절 군법사스님의 자상한 인도로 인해 자비를 알게 되었다. 이후로 만나는 사람마다 부처님의 가르침을 배우고 익히라고 홍포한 지 어느덧 30여 년이 흘렀다. 지금도 생도 시절 처음 뵈었던 군법사스님의 모습이 또렷이 기억난다. 내 인생의 전환점이 되어 나에게 '전이轉移' 되었다. 그 사건 이후로 제도권 안팎에서 적극적인 부처님의 가르침을 전하고자 결심했다. 조계종 소속 포교사가 된 계기도 되었다.

포교사로서 무엇을 포교할 것인가? 젊은 세대에게 한 시절 멘토가 되는 어른으로서 부처님의 법을 한결 같이 전하리라 다짐해 본다. 살갗을 에는 듯한 가지산 깊은 골짜기의 칼바람도 수행의 방편으로 삼고자 한다. 조계종 비구니 종립특별선원 울산 석남사. 백장선사百丈禪師의 '하루 일하지 않으면 먹지 말라', 성철 스님의 '부처님 법대로 살라', 그리고 '일과 수행이 둘이 아니다'라는 인홍 스님 가르침이 생생히 살아 숨 쉬는 석남사다.

울산 가지산 석남사 법당에서 신바람 나게 2,600여 년의 역사를 자랑하는 부처님 리조트에서 오늘도 사찰문화 해설을 통해 진정한 포교의 길을 가겠다고 서원을 세워본다.

어떻게 살 것인가

종성 손정수

늘 의문이었다. '진정 나는 누구이며 어디서 와서 어디로 갈 것인가'. 내 존재를 확인하고 싶었다. 진실한 내 실체를 알고 싶었다. 생물학적인 나, 사회적 역할로서의 나를 떠나면 난 진정 누구인가. 이 의문은 세월이 갈수록 나이를 먹을수록 의심 덩어리로 더 커져만 간다. 요즘 인문학 강의가 많다. 명강의가 없진 않지만 나를 향한 갈증은 해소할 수 없었다.

어딘가 있을 것 같은 진짜 내 모습을 찾기 위해 명상에 잠기기도 하고 참선으로 찾아보려고 했다. 1,700여 년 넘는 시간 동안 선사들은 선방에서 기도와 선행, 참선으로 '그놈'을 발견하려고 애쓰지 않았던가. 범부중생인지라 쉽지 않다.

자신이 주체가 되라는 스님 법문도 수없이 들었다. 하지만 난화가 났다. 남의 눈을 의식한 그 무엇인가에 끌려 다니고 있다는 생각 때문이다. 지나고 나면 흔적 없는 삶을 살았다는 느낌에 분노할 때도 있다.

석가모니 부처님은 우리 모두 본래 부처의 품성을 가지고 태어났고 그것이 곧 부처임을 알리기 위해 오셨다. 이 점을 깨닫지 못하고 허덕이는 중생을 어여삐 여겨 구제하고 교화시키고 계신다고 생각한다.

나 역시 우리 본래는 모두 부처님이며 청정한 심성을 지니고 있다고 믿는다. 그러나 내가 녹슬어 있는 만큼 그 녹을 제거해야 한다. 거울에 켜켜이 쌓인 먼지를 닦지 않으면 거울이 될 수 없듯이 본래 내 모습을 볼 수 없다. 단전에 깊은 호흡을 가져가고 정신을 안정시키고 깊은 참선에 들어야 할 것 같다. 집중하면 본래 청정한 자리에 있는 나를 만날 수 있으리라. 아름답고, 청정하고, 순수하고, 예쁜 모습이 바로 내가 아닐까.

왜일까. 왜 나는 그 순수한 나를 그렇게 멀리 두고 살 수밖에 없을까. 이 세상에 인간의 몸 받아 살면서 내가 누구인지도 모르고 살만큼 어지럽다. 혼탁하다. 실체를 느끼지 못할 정도로 탐진치 삼독심에 끄달려, 아니 삼독심으로 뒤범벅된 채 살고 있다. 그러니 살면서도 내가 누구인지도 모르고 그냥 하루하루를 살아간다. 참으로 슬퍼진다.

　나라고 예외는 아니다. 지금까지 그렇게 살아왔고 앞으로도 그렇게 흘러갈 확률이 높다. 문제는 여기 있다. 우리는 나를 기준으로 상대와 자신을 비교한다. 항상 뒤처져 있는 상대적 상실감이 자신을 엄습한다. 진심은 본래 나를 온통 뒤덮는다. 남을 따라잡기 위해 어떤 무엇에 집착하는 탐심이 일어나고 충족되지 않으면 다시 진심이 불쑥 솟아난다. 어리석은 순환이다. 탐진치 삼독심에서 손톱만큼도 벗어나지 못한다. 본래 나는 온데간데없고 마음저 어두운 구석에 처박아 둔다. 중생이다. 평소 본래 나를 잘 대접하고 잘 모시고 간수를 잘했다면…. 너무했다.

　지금이라도 늦지 않았다. 어떻게 살아 갈 것인가를 진지하게 고민해야 한다. 자주 그 청정한 모습을 볼 수 있도록 고운 자리 마련해놓고 들여다봐야 할 것 같다. 매순간 내가 누구인가를 사유한다면 본래 나와 가장 가까운 삶을 살 수 있지 않을까. 이 순간이 지나면 과거다. 미래는 아직 오지 않았다. 아쉬워 할 것도 두려워 할 것도 지금 이 순간엔 없다. 순간순간 거울 닦아야 하겠다. 청정하고 순수하기 그지없는 참 내 모습이 '가까이 하기엔 너무 먼 당신'이 되지 않도록.

　사실 '나는 누구인가'라는 질문은 많이 듣던 말이다. 하지만 곱씹을수록 의문은 더 깊어진다. 나를 찾지 않고 허무하게 살아가고 있다는 안타까움이 생긴다. 이제 시시때때로 변해가는 상황을 관찰하고 한 발짝이라도 내 모습에 다가가려고 애써야겠다.

부처님의 수승하고도 깊은 가르침의 핵심인 본래 부처인 내 모습을 볼 줄 아는 혜안을 키우고 싶다. 서울 국방부 원광사를 재적 사찰로 열심히 다니고 있다. 얼마 전 법상 스님이 주지로 오셨다. 법상 스님 모시고 불법을 배우고 있다. 최근 아카데미를 여셨는데 불자를 포함해 비불자들까지 200명을 넘나드는 사람들이 왔다. 부처님 가르침에 목이 마른 중생들이 많다는 것이 아닌가. 새삼 나를 이 길로 접어들게 한 인연들이 고맙다. 부처님 가피다.

안타깝게도 이번에 포교사 시험을 치르지 못했다. 하지만 다음 엔 꼭 포교사 시험에 합격해 품수 받고 전법하는 삶을 살아가고 싶다.

제3부

다만 할 뿐이다

새벽 별을 보며

남청 신주식

대구 지역단 무소유실천팀장

김밥을 먹지 않는다.

아들과 마주 앉아서 김밥을 먹었던 기억이 아들과 나눈 마지막 기억이다. 대구 상인동 지하철 도시가스 폭발사고. 1995년 4월 28일은 잊을 수 없다. 아파트 전체가 들썩였고, 인생도 송두리째 흔들렸다. '우리 아들!' TV에서나 나옴직한 뉴스가 내게도 들이닥쳤다. 아들과 이 세상 인연이 그날까지일 줄은 꿈에도 몰랐다. 금쪽같은 분신을 저 세상으로 보낸 허망함이 엄습했다. 육신을 갈기갈기 찢어 뼈를 갈고 살을 녹인들 이보다 큰 고통이 없었다. 하늘 향해 피눈물을 토해봐도 흐르는 눈물이 옷을 적시고 무작정 길을 걸어도 갈 곳이 없었다. 일을 놓고 끼니도 잊었다. 왜 나에게 이런 일이 생기는지 탄식하고 무엇 때문에 살고 있는지 왜 살아야 하는지 도무지 앞이 보이지 않았다. 생지옥 속에서 3년을 살았다. 가슴 치고 통곡한들 아들의 빈자리는 채워지지 않았다. 그때 불현듯, 성철 스님과 인연이 떠올랐다.

해인사 대적광전 앞마당을 지나는 사람들 모두 흰옷을 입고 있었다. 그날따라 절 분위기가 너무 이상해 지나가는 보살님에게 물어보니 성철 스님이 입적했단다. 이때까지도 성철 스님을 전혀 몰랐고 불교와 인연도 성숙하지 못 했던 터였다. 문상은 하고 가야겠다는 생각에 법구를 찾았다. 아들과 둘이 들어서는 순간, 나도 모르게 발끝부터 머리끝까지 전율이 휘감았다.

성철 스님을 문상했던 기억에 스님의 육성 테이프를 구입해 들었다. 〈자기를 바로 봅시다〉였다. 《반야심경》을 현대과학으로 풀이하는 법문에 감화됐다. '불교가 이런 종교였다는 사실을 진즉 알았다면 좋았을 텐데….' 앞뒤 분간 안 되던 캄캄하고 어두운 터널에서 한 줄기 빛을 만나듯 불교에 심취하게 된 계기가 됐다.

퇴근 후 짬을 냈다. 대구불교대학 야간반에 입학하고 힘들게 공부했다. 졸업과 동시에 포교사고시 원서까지 준비했는데, 고시가 있는 날 공교롭게도 직장을 나가야만 했다. 하는 수 없었다. 그렇게 9년이 흘렀고, 60세에 접어들었다. 불교에 뭔가 도움 되는 일을 하고 싶었다. 재발심해서 등록한 대구불교대학 대학원 과정을 마치면 꼭 포교사고시에 도전하겠다고 마음먹었다. 행정 오류로 다시 포교사고시를 치를 수 없을 뻔 했지만, 우여곡절 끝에 교구본사 주지스님 추천으로 원서를 접수했다. 극히 드문 사례였다. 아들이 맺어준 불교와 인연을 어떻게 포기하겠는가.

2011년 9월 24일, 그렇게 원하던 포교사 품수를 받았다. 16기였다. 동화사 사찰문화해설팀에 배정 받아 활동을 시작했는데, 뭔가 부족했다. 수행이 곧 포교라는 생각과 포교사는 신행이 기본이 돼야 한다는 마음으로 해인사 백련암 삼천배 정진을 발심했다. 적지 않은 나이에 삼천배 정진을 회향하고 법명을 받으면서 불자로서 부끄럽지 않겠다는 다짐을 했다.

하지만 삼천배가 너무나 힘들었다. 마침 동화사 설법전에서 매주 토요일 간화선수행을 한다고 들었다. 2012년 작은 설날인 동짓날 토요정진에 방부를 들였다. 그렇게 참선을 시작했지만 처음이라 그런지 졸기도 하고 앉아 있는 반가부좌도 힘들었다. 새벽 4시, 초심자에게 발원문 낭독을 청하셔서 큰 신심으로 도전하기도 했다. 동화사 현 주지 효광 스님과 첫 인연이었다.

어렵게 포교사가 된 이후 초발심을 유지하기 위해 수행이 필요하다고 느꼈다. 16기 도반들이 마음 모아 한국불교대학 대관음사 감포도량에서 첫 1박 2일 철야정진을 하기도 했다. 회향하면서 내년에는 동화사에서 정진하기로 하고 진행과 업무는 내게 주어졌다. 효광 스님에게 지도를 청했더니 흔쾌히 승낙하셨다. 조계종 종정 진제 스님도 친견했고, 간화선 세계화 당부 말씀을 받기도 했다.

윤회와 인과와 인연법은 분명 존재했다. 불제자를 서원한 뒤 뼈 저리게 느껴온 진리다. 적어도 내겐 그랬다. 딸이 결혼한 뒤 손녀와 손자를 차례로 낳았다. 손자는 뭔가 느낌이 좀 달랐다. 나뿐 아니라 아내도 아이 엄마까지도 그렇게 느꼈단다. 외모도 마음 씀씀이도 먼저 간 아들과 닮았던 것이다. 착각할 정도로 너무 흡사하게 행동했다. 생전에 자기 방이 있는 큰집을 원했던 아들이었건만… 사별한 후 뒤늦게 큰 집을 얻었다. 내가 이사 후에 지금까지 매일 6년째 백팔배 참회기도를 하는 사연이기도 하다.

초등학교 시절 기르던 개가 사라진 적이 있다. 물으니 "네가 먹은 국밥에 있다"는 어머니 대답에 큰 충격을 받았다. 우연인지 몰라도, 아니 수많은 살생의 업이라고 생각했는데 집안에 우환이 잦았다. 아버지는 약주하신 뒤 마루에서 뒤로 넘어지면서 돌아가셨다. 셋째 작은아버님은 간경화로 50대 중반에, 막내 삼촌은 50대 초반 펙치기로 세연을 접었다. 둘째 조카는 일곱 살 때 간이 찢어져 생사의 갈림길에서 헤매기도 했다. 포교사로서 부처님 가르침을 전하면서 모든 일들이 인과라 생각하고 있다.

2014년 9월은 내 인생에서 잊지 못할 또 다른 기억이다. 포교원에서 전문포교사 신행 및 교육포교분야 품수를 받고 역할을 고민했다. 연화진 포교사가 한 달에 한 번씩 백팔배를 제안했다. 마침 통일대불전에서 일요법회도 있어 마음을 냈다. 동서화합과 남북통일 공동의 업장이 두터워 이뤄지지 않는 현실에서 공업共業을 녹일 수 있는 방법이 참회기도, 즉 백팔배라고 여겼다. 금성 스님에게 알리니 그렇게 발심하는 거사를 기다렸다는 답이 돌아왔다. 신행단체 명칭을 '선우회'라고 했다.

당시 팔공총림 금당선원장이던 효광 스님과 종정 진제 스님을 뵀다. "참으로 좋은 일 하십니다." 격려 한 말씀에 환희심이 났다. 2015년 1월 4일 일요일 첫 법회 후 지금까지 매월 첫째 일요일에 법회를 열고 있다. 올해는 '휴면 불자님 성지순례' 명분으로 재발심 기회를 만드는 불사에 착수했다. 선우회 버스 한 대에 타고 이동하며 순례를 진행 중이다.

신행과 더불어 동화사 일, 포교에 매진하던 중 포교사단 대구지역단 무소유실천팀 팀장 임명을 받았다. 2016년 11월이다. '휴면 포교사', 즉 각 팀에서 활동하지 않는 포교사의 재발심을 이끌고자 노력하고 있다. 각자 나름 개인사정과 건강 등 이런저런 사연으로 활동을 유보 중인 포교사들이 있다. 팀장 소임을 맡고 일일이 전화해서 활동을 독려하는 중이다. 그렇게 포교사 8명에게 답을 받았고 계속 전화를 하고 있다. 전법에 재시동을 건 8명의 포교사에게는 재능을 십분 발휘할 수 있도록 권장하고 각종 행사에 적극 동참하도록 권유하고 있다. 이 팀에서 향후 새터민 다문화가족 돌봄과 무료급식 봉사를 적극적으로 펼치고 싶다.

훌쩍 8개월이 지났지만 2017년에 하고 싶은 일들 중 하나였던 해인사 백련암 삼천배 정진 도반들과 정념당에서 참선방을 개설해 좌복 위에 앉고 있다. 성철 스님이 후학에게 남긴 참선 잘 하라는 유지를 지키고 싶어서다.

요즘 온라인 서비스인 SNS 발달로 문자와 영상 전법도 가능해졌다. 3년째 5일에 한 번씩 카카오톡으로 약 800명에게 글을 보내고 있다. 페이스북, 카카오스토리, 선우회 네이버 밴드 등에 불교 관련 글도 1주일에 하나씩 올리고 있다.

난 아직 생업에 종사하고 있다. 새벽에 일찍 출근해야 하는 특성 탓에 보통 새벽 3시 30분과 4시 사이에 일어난다. 미처 사라지지 않은 서쪽 하늘 밝은 달과 별을 보면서 내 마음속 무명에 가려진 '참나'를 채찍질한다. 그렇게 매일 새벽 재가출가자라는 생각으로 하루를 시작한다.

행복의 길 안내자

연수향 안소연

불교를 알기 전엔 그런 줄만 알았다. '나'라는 존재는 내 의지와 상관없이 부모님에게 태어나 부모님이 만든 환경과 주어진 모든 배경 안에서 사는 줄 알았다. 자기 사고방식에 따라 잘 살고, 못 살고 그런 줄만 알았다. 천안 종갓집 1남5녀 중 둘째 딸로 태어났다. 어머니는 아들을 낳고자 할머니와 성불사에 다니며 백일기도를 하고 남동생을 가졌단다. 그렇다. 부모님들은 신심이 유독 깊었다. 유년시절 두어 번 절에 따라간 기억이 불교의 전부였다.

단란한 가정을 이루고 작은 가게를 시작했다. 열심히 살았다. 20년 넘게 오후 10시까지 가게에서 영업을 했다. 날 너무 혹사시켰던 걸까. 열심히 일한 게 화근이 됐다. 우울증과 함께 건강마저 안 좋아졌다. 악순환이었다. 살아가야 할 의욕도 잃어버렸다. 엎친 데 덮친 격으로 1년에 수술을 세 번이나 했다. 힘든 시간은 더디게 흘렀다. 생각은 어둠속으로 정말 빠르게 빠져들었다. 허무했다. 열심히 가정을 위해 살았다. 하지만 내 모습은 병들고 초라하기 그지없었다. 더구나 나를 위해서는 정작 아무것도 한 일이 없었다. 몸도 마음도 지쳐갔다. 무엇이든 의지하고 싶었다.

나 자신을 위해 한 가지 하고 싶은 게 있었다. 마음을 치유할 수 있는 종교를 가져야겠다는 생각이 들었다. 막상 가지려고 하니 어떤 종교를 선택해야 할지 막막했다. 몇 날 며칠 고민 끝에 결정했다. '절에 가야겠어.'

불교밖에 없었다. 도심 속 회색 건물이 아닌 산사의 도량을 생각하니 가슴이 뛰기 시작했다. 차에 시동을 걸었다. 무작정 나섰지만 어디로 가야 할지 또 막막했다. 돌고 돌아 차가 멈춰 선 곳은 작은 사찰이었다.

아무것도 몰랐다. 예불시간에 독송을 따라하려고 《천수경》을 뒤적이다보면 어느새 지나가버리기 일쑤였다. '혼자 불교를 공부하는 일이 쉽지 않구나.' 예불조차 따라가지 못하니 어렵고 부처님 가르침을 모르니 더 답답해 견딜 수가 없었다. 난 법비의 감로수에 목이 말랐다. 대형 서점을 찾아가 불자가 알아야 할 기본 예절, 기도하는 방법부터 익혔다. 《불교란 무엇인가》《부처님의 생애》를 비롯해 큰스님들께서 쓰신 책 여러 권을 사서 읽었다. 법당에서는 법회 순서를 메모하며 스스로 배워 나갔다. 열심히 기도하고 정진했다.

부처님께 정말 간절히 매달렸다. 며칠 동안 통제가 안 됐다. 그만큼 눈물이 그칠 줄 모르고 흘러나왔다. 눈물이 그렇게 뜨겁다는 사실을 그때 알았다. 그리고 내 몸에 변화가 오기 시작했다. 몸이 날아갈 듯 건강해졌다. 가게에도 손님이 많아졌고, 실타래 풀리듯 순조롭게 일이 풀리기 시작했다. 부처님 가피를 이루 말할수 없이 많이 받았다.

감사기도와 부처님께 받은 은덕을 이웃에게도 전하려 했다. 불교 교리를 잘 모른 채 내가 읽은 책을 기본으로 포교를 하기 시작했다. 이처럼 부처님과 부처님 가르침, 승가에 귀의하고 믿으면 행복하고 복과 지혜를 다 주신다. 하지만 모른다면 얼마나 안타까운 일인가. 이때부터 내 가게는 사업장이면서 전법포교의 수행 공간이 됐다.

난 부처님 가피를 알았기에 고통 속에 힘들어하는 이들에게 불법을 전해 행복의 길로 들어설 수 있도록 안내자 역할을 하겠노라 마음먹었다. 불교공부를 좀 더 체계적으로 해야 했다. 내가 다니던 절에는 불교대학이 없었다. 템플스테이를 체험했던 화성 신흥사불교대학에 2012년 3월 입학했다. 1년 과정을 수료했고, 경전연구반 2년 과정도 열심히 들었다. 사찰행사 안내 등 봉사도 게

울리 하지 않았고 신행에 자비를 더했다.

내가 안내한 도반 모두 불교대학에 입학해 졸업을 했거나 수업을 받고 있다. 교통이 불편한 도반에게는 일일이 전화해서 한 분이라도 결석하는 사람이 없도록 모시고 다녔다. 이 도반들이 수승한 가르침을 믿고 따르게 되면 포교를 하게 되고 불자들이 더 많아지리라 믿는다. 내 기도도 바뀌었다. "해주세요"가 아닌 "이 세상 모든 분들이 행복해지길"이라는 발원으로 달라졌다. 그렇게 삶이 바뀌니 화성 신흥사에서는 지역 법등장, 교화 부차장, 감사 등 다양한 소임을 주기도 했다.

불자가 된 게 참으로 자랑스럽고 행복하다. 열심히 수행정진해서 불법을 알려 아름다운 연꽃을 피우고 싶다. 일반포교사 21기로 활동 중이다. 2년 뒤엔 전문포교사로서 수승한 부처님 가르침 전하며 살아가리라.

다만 할 뿐이다

수월심 양순실

제주 지역단 서귀포 군포교팀

삶은 정말 예측불가능하다. 그래서 더 흥미진진하다고나 할까. 불연도 정말 뜻하지 않게 다가왔다.

그동안 사찰은 참배나 기도, 정진을 행한다는 의미보다 말 그대로 방문에 그치는 어떤 공간에 불과했다. 부처님오신날 아들과 함께 하루 구경 삼아 집과 가까운 사찰을 찾아 어설픈 삼배를 하고 함께 예불에 참여하고 점심공양을 하고 오는 게 전부였다. 분명 우리말로 예불의식을 하는데도 참 알아듣기 힘들었다.

학교 졸업과 동시에 입사한 직장에서 23년이란 긴 시간을 보냈다. 내가 알고 있는 길이라고는 집과 직장 가는 길뿐이다. 오롯이 집과 직장만을 왕복하며 나름 최선을 다하는 삶을 살고 있다고 자부했다. 삶이 엉망진창이 되고 삶 자체가 화탕지옥으로 변하기 전까지 그랬다.

예고 없이 큰 병이 찾아왔다. 처음엔 도저히 받아들일 수가 없었다. 삶을 포기하고 싶다는 생각까지 들었다. 마음은 의지할 곳을 찾아 헤맸다. 여기저기 종교시설에 발을 들였다 뺐다. 그러다 마음은 집 근처 사찰로 향하기 시작했다. 걱정과 위로는 큰 힘이 됐다. 비구니스님의 진심 어린 한마디 한마디가 아픈 마음을 감싸줬다. 어느 순간부터 마음 한 구석에서부터 지금 상황을 받아들이고 이 고통을 헤쳐 나갈 수 있겠다는 의지가 생겨났다.

하루 이틀, 절을 찾는 횟수가 늘었다. 법문을 자주 듣고 마음에 조금씩 여유도 생겼다. 사찰 예절의 필요성을 느끼고 부처님 가르침이 궁금해졌다. 주지스님은 불교대학 입학을 권유했다. 서귀포불교대학에 입학해 열심히 공부했다. 내가 느낀 안정을 누군가에게도 전해주고 싶은 마음이 커져갔다. 불교대학을 졸업하고 포교사고시에 응했고, 포교사의 길로 접어들었다.

배정받은 팀은 서귀포총괄 군포교팀이었다. 때마침 아들이 강원도 철원에서 군복무 하던 때라 누가 군복을 입은 모습만 봐도 다시 한 번 뒤돌아보곤 하던 시기였다. 군장병들 모두 아들처럼 살갑게 느껴졌다. 군법당이 없었다. 해서 이곳저곳 군부대 장병들과 함께 차량을 이용해 사찰을 방문하는 순례법회를 시작했다.

2016년부터 강정해군기지 안에 해관사라는 군법당이 생겼다. 강정해군기지 안에 주둔하고 있는 수병들과 입항하는 함정 내 수병들 그리고 파견 나온 해병대원들을 상대로 부처님 가르침을 전하기 시작했다.

제주강정해군기지는 방송매체가 떠들썩하게 알렸다시피 아직 상처가 아물지 않았다. 참 가슴 아픈 일이다. 누가 잘하고 누가 잘못인지 분별의 잣대는 필요하지 않다. 강정마을은 지금도 화합이 이뤄지지 않았다. 나라의 부름을 받고 이곳에서 군복무하는 군인들도 조금씩 영향을 받을 수밖에 없다.

강정해군기지 내 군법당 해관사는 이제야 불사가 회향된 만큼 불자회 등 신도단체가 없다. 더군다나 누구나 드나들 수 있는 군법당이지만 강정마을에서 서로 눈치 보느라 찾아오는 인근 불자도 없다. 그럼에도 군포교팀이 매월 첫째 주와 셋째 주 일요일마다 법회를 쉬지 않고 열고 있다.

법회는 1부와 2부로 나눴다. 1부는 법회, 2부는 군생활을 하는 데 필요한 다양한 상담 프로그램이나 마음치유 프로그램들을 접목해서 진행한다. 물론 부처님 가르침을 듬뿍 담은 프로그램들이다. 예를 들면 불교용어나 부처님 생애가 생소한 수병들을 위해 OX 퀴즈 등으로 낯선 불교용어와 친근해지도록 돕거나 부처님 가르침 관련 동영상으로 다양한 설법을 접할 수 있는 기회를 제공한다. 부처님오신날, 송구영신 법회 등에도 수병들이 시간을 헛

되이 보내지 않고 소중하고 보람된 시간을 가지도록 최선을 다하고 있다. 훗날 군법당서 보낸 시간들을 추억할 수 있기를 바랄 뿐이다.

서귀포총괄 군포교팀은 새로 품수 받은 신규 팀원을 포함하면 17명이다. 하지만 사정은 다른 포교팀과 크게 다르지 않다. 참석률이 5~7명 내외로 저조하다. 수병들에게 점심을 직접 만들어 제공하고 법회 진행까지 도맡기에는 턱없이 모자란 인원이다. 어쩌겠는가. 부처님 일인데 불평불만할 시간이 없다. 다만 할 뿐이다.

점심 식단은 주로 국수와 과일 그리고 튀긴 통닭이나 족발이다. 젊은 수병들 입맛을 맞추다보니 어쩔 수 없이 고기를 곁들인다. 가끔 피자, 햄버거, 자장면도 준비한다. 요즘엔 군장병들과 간격을 줄이는 방법을 고심 중이다. 김밥 재료들을 풍성하게 준비해서 각자 취향에 맞는 김밥을 직접 만들어 먹어보는 점심시간을 만드는 것도 방법이지 않을까.

법회에 참석하는 인원이 정해져 있지 않다. 해서 음식은 최소 30명에서 60명분을 마련한다. 참석률이 저조해서 한 사람이 5인분을 마음껏 먹을 때가 있는가 하면, 음식이 동날 정도로 많이 참석해 당황스럽기도 하다. 그래도 수병들이 먼저 다가와 합장반배하면 괜히 가슴이 설렌다. 점심이 맛있다고 국수를 두 그릇이나 먹는 수병들을 보면 나도 모르게 웃음이 나기도 한다. 국군의 날이나 전역을 앞둔 수병이 있으면 함께 케이크에 꽂은 촛불을 끄면서 덕담을 나누면서 정을 나누기도 한다.

물론 재정적으로 조금 어렵다. 매월 1만 5,000원씩 자동이체되는 단비를 제외하고도 1인당 팀 회비를 30만 원 정도 낸다. 서귀포총괄 군포교팀은 팀 회비를 울력으로 충당한다. 밀감농사를 짓는 포교사 팀원들이 적지 않다. 다른 인력을 구할 필요 없이 팀원들이 가서 '밀감울력'을 하고 품앗이 비용을 받아 활동비를 채우는 시스템이다. 원칙이 있다. 1인당 최소 4회 이상 울력에 필히 참석해야 한다. 울력이 팀원들 사이에 화합과 소통의 장이 된다. 다른 팀 포교사들이 부러워하는 부분이기도 하다. 하지만 군포교 재정을 전부 감당하긴 버겁다. 그래서 별도로 수익사업도 진행해야 한다. 매년 떡국이나 특산물 판매로 나름 재정을 만든다.

힘들게 마련한 재정으로 군포교에 전념하고 있지만 매번 아쉽다. 강정해군기지 안의 수병들에게 따뜻한 정이 담긴 집밥을 주려고 최선을 다하고 있지만 부족함이 많다. 준비하지만 늘 모자란다고 느끼는 감정은 하나라도 더 맛있는 음식을 먹이고 싶은 엄마의 마음 아닐까.

수병들에게 불교교리와 사찰 예절, 법회만 강조하진 않는다. 군복무라는 특수한 상황에서 발생하는 사건에서 겪는 고민이나 상처들도 보듬어야 한다. 상명하복의 위계 잡힌 질서, 고된 훈련에서 오는 피로감, 집이나 가족 혹은 연인이 그리운 수병들이 적지 않다. 그래서 다양한 마음치유 프로그램을 곁들여 법회시간에 활용하고 있다. 만족도는 높은 편이다. 수병들은 전역 후에도 많은 도움이 될 것 같다는 이야기를 건네곤 한다. 포교가 고지식하게 부처님 가르침만 알리는 게 아니라는 생각이 든다. 앞으로 살아가는 데 조금이라도 보탬이 되는 사소한 부분부터 챙기는 배려가 중요하다.

지성이면 감천이랄까. 전역을 앞두고 더 이상 군법당을 나올 수 없어 아쉽다고 하는 수병들을 볼 때 가슴이 뿌듯하고 행복하다. 처음 법회에 올 때는 좌복을 밟고 다니거나 삼배조차 제대로 못하던 수병들의 달라진 모습이 대견하기도 하다. 삼귀의, 반야심경, 보현행원, 사홍서원 등을 자신 있게 봉송하는 수병들을 바라보고 있노라면 환희심에 젖는다.

군법회에 참여하면서 자신을 더 잘 알 수 있었고, 부처님에게 고마움을 느끼게 되었다는 수병, 전역 후에도 부처님과 인연을 이어가겠다는 수병들…. 자식 같은 수병들을 보면서 항상 휴일을 반납하고 포교에 임하는 나 자신에게 탁월한 선택을 했다고 칭찬해주고 싶다.

다음 법회에는 어떤 프로그램과 어떤 맛있는 음식으로 수병들과 소중한 시간을 이어나갈까. 고민조차 행복하다.

자비행과 보살행

연화심 이경숙

그냥 절에 다닌다는 사실이 무의미했다. 부처님 가르침을 제대로, 확실하게 배우고 싶었다. 조계종 포교원 디지털대학 신도전문과정에 등록해 공부를 시작했다. 부처님 가르침을 배우면서 항상 자비행慈悲行을 고민했다. 어떻게 해야 잘하는 자비행인지 모르겠다. 후회하고, 다짐하고, 참회하고, 바로잡고, 수행하고…. 참 어렵다. 지금 이 순간에도 누군가는 고통에 신음하고 있다. 그들을 어떻게 도와야할지 당황스럽다.

과감하게 자신을 고통받는 사람 자리에 놓아봤을 때 만일 똑같은 고통을 받는다면? 그리고 우리가 무엇을 겪게 될지 가능한 생생하게 상상해봤다. 자기 자신을 이런 식으로 다른 사람의 자리에 놓을 때 자신의 애착이 자기 자신으로부터 다른 존재로 옮겨갈 수 있다. 따라서 자기 자신을 다른 사람의 자리에 놓는 것은 자아에 대한 애착과 집착에서 자유로워져 우리의 자비심이 유추되게 하는 매우 좋은 방법인 것 같다.

고통에 신음하는 사람을 위해 자비심이 일어나게 하는 또 다른 감동적인 기법이 있다는 사실을 알았다. 아주 가까운 친구를 또는 진정 사랑하는 친구를 바로 그 사람의 처지에 놓는 것이다. 그러면 자연스럽게 우리 마음이 열릴 것이고 자비심도 자신 안에서 일깨워질 수 있다. 자비행을 일으키는 한 가지 효과적인 방법은 자신과 다른 사람을 똑같은 존재로 생각하는 것이다. 달라이 라마는 이렇게 말했다.

"모든 인간 존재는 똑같이 살과 뼈, 피로 만들어졌다. 우리는 모두 행복을 원하고 괴로움을 피하려 한다. 더욱이 우리는 행복을 추구할 권리를 지닌다. 만일 다른 사람을 자기 자신과 똑같다고 여긴다면 인간관계가 좀더 원활해지고 여기에 새롭고 좀더 풍부한 의미가 부여될 것이다. 당신이 가장 강력한 적수인 자기에 대한 집착과 자기에 대해 눈 먼 사랑을 상대하는 것으로 자비행을 실천하는 것보다 더 좋은 것은 없을 것이다. 자기 자신을 맹목적으로 사랑하는 대신에 고통받는 사람들을 보살피고 그들에게 우리를 내어주는 자비행은 무아의 지혜와 손을 잡고서 우리로 하여금 끝없이 잠시라도 헤매야 하는 낡은 자아에 대한 모든 집착을 가장 효과적으로 가장 철저하게 깨트린다. 이것이 우리 전통에서 자비행을 깨달음의 근본이자 본질로 여기는 이유인 것이다."

고통에서 벗어나는 것 말고 더 무엇을 바라겠는가. 이제 우리 마음에서 자비심이 흘러와 도움을 줄 사람에게 전해지도록 해야 한다. 단지 한순간에 불과하지만 그 사람을 도구로 활용해 자비행을 일으킴으로써 우리는 커다란 공덕을 쌓게 하는 것이다.

자신에게 충분한 사랑이 없다고 생각할 때 그것을 발견하고 염원하는 방법이 있다. 마음속으로 거슬러 올라 어떤 사람이 우리에게 주었던 사랑 아마도 어린 시절에 받았던 사랑을 떠올려 형상화하게 한다. 일반적으로 우린 어머니와 우리들에 대한 그녀의 오랜 헌신을 받으며 자라왔다. 나로 하여금 그렇게 느끼게 했듯이 내가 사랑받을 만하고 참으로 사랑스럽다는 것을 다시 느낄 수 있다. 남은 일은 그 사랑을 다시 나누는 것이다.

자비행이 널리 충만해진다고 부처님 가르침은 강조한다. 일체를 포용하고 어디도 쏠리지 않는 평온함이야말로 자비행의 출발이자 토대이다. 자비행을 일으킨 사람, 자비행이 일어나도록 이끈 사람 그리고 저 자비행이 그를 향해 일어나도록 한 사람의 자비는 곡해될 수 없다. 그것은 하늘에서 감로수가 내리는 것처럼 흘러내린다.

공부 잘했다는 생각이 든다. 막연하게 자비행을 생각했던 과거와 달리 체계적인 공부와 내 열정이 내 삶을 조금씩 능동적으로 만들고 있다.

매주 수요일이면 미용봉사를 나간다. 신도전문과정을 마치고 22기 포교사고시에도 응시해 합격했다. 아직 결정하지 못했지만 전문포교사도 고민 중이다. 결혼하지 못한 자식들에 대한 집착도 모두 내려놨다. 알게 모르게 쌓아온 업장 탓이리라.

남을 생각하는 마음이 모든 행복을 가져오고, 나만 생각하는 마음이 모든 고통을 가져온다는 사실을 알았다. 모든 중생이 어느 한 생에 나를 키운 어머니였다. 나와 모든 중생 위해 보살심을 일으키고 보살행을 하겠다. 자비를 실천하겠다. 나무관세음보살.

부처님 곁에서

학산 이경태

유년시절, 좋은 추억이 없다. 아주 가난한 집안에서 2남1녀 중 장남으로 태어났다. 가정 형편이 너무 어려워 고생을 많이 했다. 어린 나이에 지게를 졌다. 집 주변 산으로 나무를 하러 다녀야 했다. 초등학교에 다니면서부터는 어린 마음에 상처가 되었다.

등록금을 제때 한 번도 내지 못했다. 그래서 담임 선생님께 매번 혼났다. 학교 수업이 끝나고서도 늦게까지 남아서 벌을 서기도 했고, 교실 청소를 하기도 했다. 고학년인 6학년 때는 친구들과 함께 수학여행을 가지 못했다. 비용이 없었기 때문이다. 수학여행을 가지 못한 일도 속상한데, 그 당시에는 수학여행을 가지 못한 학생들은 학교에 나와야 했다. 등교해 교실 대청소 같은 걸 했다. 가을 운동회에는 필요한 물품을 구입하지 못했다. 물론 어울려서 운동회를 즐기지 못했고, 적지 않은 상처를 받았다.

일찍 생업전선에 뛰어들었다. 겨우 중학교를 졸업하고 자동차 정비공업사에 취직했다. 어린 나이에 직장생활을 빨리 시작한 셈이다. 현역에 입대했고, 전방 수송부대에서 차량정비병으로 군복무를 충실히 이행한 뒤 병장으로 만기전역했다. 전역 후엔 다시 정비공장에 취업했고, 손에 기름때 묻혀가면서 생활비를 벌었다. 누구 못지않게 성실하게 일했다.

이른 나이에 가장이 됐다. 스물여섯 되던 해, 아버지가 병환으로 세연을 접었다. 부모님께 특별히 물려받은 게 없었다. 다음 해, 친구 소개로 아내를 만나 가진 것 하나 없이 어렵게 결혼했다. 물론 집도 없이 다른 사람의 집 아래채에 세 들어 살았다. 장남으로서 홀로 계신 어머니를 당연히 모셔야 한다는 생각으로 돌아가실 때까지 20여 년을 한 지붕 아래 살았다.

어머니는 돌아가시기 8년 전부터 중풍으로 반신불수가 됐다. 거동을 전혀 할 수 없어 목욕과 마사지 등의 병수발을 아내가 다 하느라 무척 힘들었다. 그래서 평생 반려자인 아내와 살면서 잘 해야지 마음먹고 잘 하려고 해봤지만 지금 생각해보니 말만 앞섰던 게 아닌지 미안하고 또 미안하다.

곰곰이 돌이켜 생각해보니 부모님을 모시고 산다는 게 쉬운 일은 아니었다. 부모님을 꼭 모시고 사는 일 자체가 효도가 아니라는 뜻이다. 어떻게 부모님을 편하게 해드려야 하는지 많은 생각을 하고 결정하는 게 옳다는 생각이 든다.

하지만 좋은 점도 여러 가지가 있다. 특히 자녀들 인성교육 측면에서 자연스러운 교육이 된 것 같다. 다행히 딸과 아들이 착실하고 바르게 잘 성장했다. 딸은 대구은행에 근무하며 결혼했고, 예쁜 손녀를 보게 해줬다. 아들은 의대를 졸업한 뒤 대구 동산의료원 소아청소년과 레지던트로 근무하며 경험을 쌓으면서 전문 의료인이 되어가는 중이다.

난 학창시절이 너무 힘들었다. 그래서인지 자식들에게 더 최선을 다한 것 같다. 학교 등록금 고지서가 나오면 제일 먼저 납부하고 아이들이 원하는 일은 웬만하면 다 들어줬다. 해서 더 열심히 살았다. 30대 중반부터 자동차 정비공장에서 살았다. 처음에는 일부 하청업부터 시작해 열심히 앞만 보고 최선을 다했다. 10여 년 전부터는 직접 정비공업사를 경영하며 열심히 살고 있다.

일기처럼 과거를 되짚어보니 부처님께서 곁에 계셨다. 어렵고 힘들 때마다 사찰을 찾아 부처님께 기도드리며 마음을 다잡고 극복해낼 수 있었다.

지금도 매월 첫째 주 일요일은 나반존자 기도 도량인 경북 청도 운문사 사리암을 찾아 사시기도에 참석하고 있다. 신행모임도 적극적으로 임하고 있다. 약 9년 전부터 셋째 주 일요일은 팔공산

천성암 신도회를 구성해 매월 약 40여 명과 함께 전국 사찰로 성
지순례를 다니고 있다. 한국불교 5대 적멸보궁 중 하나인 도량도
열심히 다니려고 한다. 설악산 봉정암 적멸보궁도 여덟 번 참배했
다. 열 번을 채우려고 노력 중이다.

　　지금까지 앞만 보고 열심히 살다보니 불교공부를 체계적으로
제대로 해보지 못했다. 조계종 포교원 디지털대학 신도전문교육
과정 공부가 전환점이 되길 바란다. 공부하고 정진해 포교사고시
에 꼭 합격하고 싶다. 참다운 불자로서 이웃에 봉사하고 부처님
법 열심히 전하면서 남은 생을 보내고 싶다. 바람이 있다면 다음
생에는 일찍 출가해 수행자의 삶을 살 수 있길 간절히 바란다.

먼지 같은 공덕으로

인명 이동상

죽음은 여기저기, 그리고 내 곁에 도사리고 있었다. 4남매 중 막내로 태어나 엄마와 같이 다니는 일이 잦았다. 부모와 떨어져 한 시도 살 수 없을 것 같았다.

어느 날, 영원한 이별이라는 죽음을 알게 된 후부터 두려움에 빠져 살았다. '부모님이 돌아가시면 어떻게 살아야 하나.' 아버지는 53세에 돌아가시고 말았다. 슬픔이 엄습했고 앞은 캄캄했으며 숨도 잘 쉬어지지 않았다. 점차 울음소리만 남았고, 메마른 눈물은 가슴만 미어지게 했다. 그 순간이었다. 사촌이 흐느끼는 내 발을 밟았고, '아야!' 하는 소리가 나왔다. 감당하기 버거운 슬픈 순간에도 자신의 아픔이 먼저 터져 나왔다. 슬픔은 온데간데없이 비명이 흘러나왔다. '난, 누구일까?' 아버지를 잃은 게 아무리 슬퍼도 자신의 작은 고통에 비할 바 아니라는 사실을 문득 알게 됐다. 아버지를 보낸 뒤 3년도 되지 않아 어머니도 눈을 감으셨다.

결혼한 형의 집에 얹혀 살다 독립했다. 자취집을 구했고, 주인 아주머니가 다니던 교회에 나가기 시작했다. 찬송가를 부르고 설교를 들으면 눈물이 났다. 기도원에서 금식기도도 했다. 그래도 술만 마시면 부모님 생각에 힘들었다. 인연을 만나 결혼했지만, 책임질 준비가 부족했다. 아이에게 엄마와 생이별을 하게 했다. 가족들에게는 힘들게 사는 모습을 보였다. 한 여성을 이혼녀로 만들었다. 다람쥐 쳇바퀴 돌듯 상처를 주는 삶이 이어졌다. 기댈 곳이 필요했을지 모른다. 아이와 가톨릭 교리를 배우고 세례를 받았다.

살아가는 여기저기, 함정이 도사리고 있었다. 작은 가게를 운영했는데 세 들었던 건물이 경매로 넘어가면서 쫓겨났다. IMF로 아파트 계약도 무산됐다. 아들과 살며 몇 해 동안 어렵게 벌었던 모든 게 사라졌다. 새 삶을 준비했다. 성당과 멀어졌다. '나는 누구이며, 무엇인가'라는 질문이 다시 고개를 들었다.

뚜벅뚜벅, 부처님이 인생에 걸어 들어왔다. 간간히 절을 찾아 백팔배를 했다. 봉화 각화사에서 절을 하고 내려오자, 갈수록 마음이 편해졌다. 새로운 도전을 준비하던 때였다. 오대산 상원사 중대사자암 적멸보궁에 1주일 동안 머물렀다. 하루 네 번 예불에 참석했고, 오로지 절만 했다. 다리가 많이 아팠지만 예불 내내 절했다. 절하는 내내 '참회합니다'만 속으로 되뇌었다. 곁에서 기도하는 젊은 스님이 눈에 들어왔다. 스님은 2시간씩 빠뜨리지 않고 기도했다. 알고 보니 천일기도를 하고 있었다. 새벽이면 도량석을 하고 하루 네 번 예불을 혼자 집전하는 모습을 보니 경건한 마음이 절로 생겼다. 그때였다. '저렇게 일심으로 정성을 다하고 인내하고 노력하며 실천한다면 무엇을 하더라도 두려울 것이 없다!'

새롭고 낯선 환경에서 근무가 시작됐다. 간간히 찾는 절에서 '참회합니다' '참회합니다' '참회합니다' 백팔번을 했다. 술 끊고 100일 동안 백팔배하는 원력을 세웠다. 절에 못 가면 집에서, 여행을 하게 되면 여관에서 했다. 한 번은 직원들과 회식 차 외지에 갔는데 기도 시간이 없어 양해를 구하기도 했다. 가는 길에 혹 사찰이 있으면 들러서 20분만 기다려 달라고 했던 것이다. 하지만 기도를 회향하던 날, 술판이 벌어졌다. 그동안 입에 대지 않았던 술이 목구멍을 타고 술술 넘어갔다. '100일 동안 무엇을 위해 인내했을까. 왜 그렇게 기도했을까. 나를 시험하고 고통만 준 일이었을까.' 거한 술판을 벌인 다음 날, 허탈하기 그지없고 속상했다.

아직 먼지 같은 공덕이라도 남았었나보다. 작은 누나가 상 위에 책 몇 권을 두고 갔다. 《금강경》과 《반야심경》 사경 노트였다. 한참을 그냥 뒀다. 그러다 문득 사경이 하고 싶어 책장 넘겨가며 한 자 두 자 꾹꾹 써 내려갔다. 무슨 말인지 이해가 잘 안 됐지만 계속 썼다. 그리고 천천히 암송하기 시작했다.

외운 내용은 법문을 들으면서 이해가 됐다. 오온五蘊이 공空하다는 것과 십이처十二處, 십팔계十八界, 십이연기十二緣起, 사성제四聖諦를 이해했다. 무릇 상이 있는 것들의 허상과 발보리심에 필요한 마음가짐 그리고 보시행을 알게 됐다. 인연 따라 생멸하는 '나'라는 실체 없는 존재도 어렴풋이 손에 잡혔다. 디지털대학 신도전문과정으로 불교의 전반적인 내용을 접하면서 큰 보람을 느꼈다. 많은 사람들에게 부처님 말씀을 전하는 포교사가 되겠다는 원력, 포교사가 된 지금도 날 지탱하는 힘이다.

부처님 제자로

취산 이승규

전북 지역단 군포교3팀

절에 지극정성으로 다니셨던 할머니 영향이었다. 일찌감치 어릴 때부터 사찰 법당에 드나들기 시작했다. 초등학교 5학년에 재학 중일 때에 《반야심경》과 〈예불문〉을 달달 외웠다. 그랬으니 부처님과 인연을 맺고 지내온 세월이 40년이 넘은 것 같다.

물이 아래로 흐르는 자연스럽다는 뜻의 법法 자처럼, 부처님 가르침(佛法)은 내 인생 전반에 걸쳐 면면히 흐르고 있다. 할머니 손잡고 법당에 발을 들여놓은 순간부터 지금까지 살아오는 동안 부처님과 인연이 계속 이어져왔다. 할머니 손을 놓은 뒤에도 절을 찾아 정기법회에 참석하는 등 신행활동을 꾸준히 해왔다.

나름 불자로서 잘 살아오고 있다는 자부심이 있었던 것 같다. 하지만 한 사건이 불자답게 살아왔다는 내 자부심에 제동을 걸었다. 수학여행 때 일이었다. 사찰에 내걸린 예수재預修齋를 알리는 현수막을 본 어느 학생의 질문이 전환점이었다.

"절에 왜 예수가 있어요?"

"……."

대꾸나 대답을 못했다. 설명은 더더욱 할 수 없었다. 그 질문에 나는 말문이 막혔다. 한없이 부끄러웠다. '내가 아무 생각 없이 절에 다니고 있었네….' 착각이었다. 절에 다니면서 경전 독송하고 부처님께 절을 올리는 것이 불교라는 단순한 생각만으로 부처님 가르침을, 불교를 믿었다는 창피스러운 마음이 들었다.

이건 아니다 싶었다. 뭔가 방향이 잘못 되었다는 생각이 머리를 스쳤다. 체계적으로 불교공부를 해야겠다고 마음먹었다. 불연을 맺은 지 한참 뒤인 2012년, 도반이자 아내인 여여심 보살과 함께 전북 화엄불교대학에 입학했다. 부처님 가르침을 본격적으로 공부했다. 차라리 열심히 이해하고 흡수하는 과정이라고 하고 싶다. 내친김에 포교사고시에 응시했고, 이듬해 여여심 보살과 함께 포교사 품수를 받았다. 그렇게 우린 부부 포교사가 됐다.

'행지구비行智具備 여거이륜如車二輪.' 실천과 지혜를 갖추는 것은 수레의 두 바퀴와 같다는 원효대사 말씀이다. 그 말씀처럼 살아야 했다. 포교사는 무엇인가 고민했다. 부처님 가르침을 배운

만큼 실천이 뒤따라야 한다고 생각했다.

시절인연이 다가왔다. 우연한 기회에 전북 완주 봉동에 위치한 군부대와 인연이 닿았다. 2014년 6월부터 지금까지 매월 첫째 주 일요일이면 군부대에 여여심 보살과 같이 방문하여 군법회를 운영해오고 있다. 군법회에서는 예불을 모시고 《반야심경》을 봉독하며 불교 기초 교리와 불교문화 등을 보다 쉽게 설명하려고 설법한다. 그렇게 불교를 좀 더 가까이 할 수 있는 기회를 제공한다. 장병들 생활에서 불교가 자연스럽게 스며들도록 도와주는 한편 그들이 전역 후에도 불자의 길을 걸어갈 수 있도록 힘쓰고 있다. 법회가 끝난 뒤 장병들이 원하는 간식을 공양하는 것도 중요한 일이다. 가끔 지인의 도움을 받아 색소폰 연주와 함께 장병들의 노래자랑도 가졌고, 다도 전문 사범을 초청하여 우리 전통차를 알리고 직접 체험할 수 있는 기회를 마련하기도 했다. 장병들이 지루하지 않게 다양한 불교 전통문화와 프로그램을 곁들이려고 노력 중이다.

더욱이 오늘날 모든 종교와 마찬가지로 신도의 노령화와 종교 인구 감소 추세는 불교도 예외가 아니다. 따라서 이에 대한 대책 중 하나가 어린이 및 청소년 포교와 군포교가 선행되어야 한다는 것이 나의 지론이다.

처음에 시작할 때에는 어떤 방법으로 불교를 장병들에게 전파할 것인가 고민도 많이 했었다. 하지만 현직 교사 약 30년 경력을 바탕으로 더욱더 열심히 공부하여 부처님 말씀을 전달하는 것은 그다지 어렵지 않게 됐다. 오히려 간식 경비를 마련하는 것이 걱정이었다.

대개 군법회는 도심에서 떨어진 부대 안 군법당에서 봉행된다. 부대 밖에서 먹던 음식이나 간식을 잊지 못하는 장병들도 적지 않다. 그래서인지 군법회는 간식에 따라 인원수가 크게 좌우되는 측면이 있다. 간식 경비 걱정이 되는 이유다.

처음 1년 동안은 포교사와 법우들의 십시일반으로 유지했다. 서로 조금씩이라도 보태니 간식비 걱정은 없었다. 하지만 1년이 지나자 여러 가지 사정으로 그마저 어렵게 되곤 했는데, 간식비가 떨어질 무렵이면 어디선가 지인이나 법우들이 등장했다. 부처님 일이니 그렇다는 생각이 든다. 군법회에 보시해주신 분들에게 고마움도 표하고 재정의 투명성 확보를 위해, 그리고 군포교 홍보도 하고자 겸사겸사 꾸준하게 활동상황을 인터넷 커뮤니티 공간에 공유한다.

그러던 어느 날이었다. 포교사인 아내와 잘 아는 한 보살이 군포교에 도움을 주고 싶다고 해, 한걸음에 달려갔다. 보살이 백일 기도하는 동안 매일 모아 둔 돈을 시주했다. 인터넷에 보살의 법명으로 감사 표시를 하겠다고 했다. 손사래 치며 절대 이름을 밝히지 말아 달라고 신신당부하며, 뒤돌아 발걸음 재촉하는 뒷모습을 보고 있으니 가슴이 정말 뭉클했다. 무주상보시를 실천하는 진정한 보살의 모습을 보는 것 같았다. 더욱더 군포교에 정진하라는 격려로 받아들였다.

군법회를 이끌어나가면서 알게 모르게 도움을 많이 받는다. 법당에 양초나 향이 떨어져 부족할 때쯤이면 보시하는 법우가 있어 해결이 된다. 앞서 말했지만 간식도 마찬가지다. 원을 간절히 세우고 바라면 반드시 이뤄진다는 사실을 실감한다. 군법회가 끊이지 않고 진행될 수 있었던 것은 뒤에서 돕는 수많은 불보살의 가피가 아닌가 싶다.

눈에 보이지 않는 불보살뿐 아니라 눈에 보이는 불보살도 많다. 전북불교회관 보살들, 108다라니기도팀, 포교사단 전북 지역단 전·현직 단장과 포교사들, 화엄불교대학 총동문회장과 동문들…. 이들의 적극적인 성원과 물심양면 도움이 없다면 군법회는 어려웠다. 거듭 무한한 감사를 드리고 싶다. 뒤에 이런 제불보살들이 있기에 포기하지 않고 군포교에 매진할 수 있다.

사실 군포교에 올인한 기간은 얼마 되지 않았다. 하지만 그동안 힘들거나 귀찮다는 생각을 해본 적이 없다. 아마 도반인 아내와 함께해서 그럴지도 모른다. 내가 법당에서 예불하고 부처님 말씀 전하는 동안 도반은 간식을 준비하는 등 분담을 한다. 보람도 두 배 기쁨도 두 배가 되는 부부 포교사로서 자부심이리라.

불교대학을 졸업하고 포교사를 준비할 때나 학림원에 다닐 때, 불교 공부가 어렵다고 생각했다. 하지만 피곤하다는 느낌을 전혀 받지 않았다. 절에 가서 듣는 스님의 독경 소리는 언제 들어도 산골의 봄 여울 소리처럼 청아했다. 그 울림이 갈등과 대립으로 치달아왔던 속세의 번뇌와 미혹들을 시원하게 씻겨주는 듯한 느낌을 받았다. 그랬으니 아마 이것은 내 유전자 속에 승복의 색깔인 회색물이 조금 들어있어서가 아닐까.

군법회 초기, 듣기만 했던 병사들이 불교에 관심을 보이고 법당에 들어서면 합장 및 삼배는 기본이요, 합장으로 인사하는 것을 볼 때마다 군포교의 보람을 느낀다. 포교가 곧 수행이라는 신념으로 앞으로도 계속 실행할 것을 스스로 다짐한다.

지금 이 순간에도 부처님과 인연에 감사하면서 도반인 아내와 함께 군법회에서 포교 활동을 하는 등 부처님 제자로 살아가는 그 자체만으로 행복함을 느낀다.

창밖을 바라보니 매화의 꽃망울이 반개半開한 미륵반가사유상의 미소처럼 다가온다. 속세의 한낱 무명 중생이 어찌 가섭존자께서 답하신 염화미소拈華微笑의 깊은 뜻을 알 수 있으랴만 나도 살짝 미소를 지어본다.

황혼의 원력

지은 이영식

부산 지역단 NGO사단지원팀

시작은 개인적인 부분이었다. 낙타가 바늘구멍을 뚫고 들어갈 만큼 어렵다고 했던 직장 승진고시를 준비하면서 불연이 손을 내밀었다. 독실한 불자였던 아내는 원을 이루는 데 도움이 되니 무조건 외우라며 수첩 하나를 건넸다. 독송본 《금강경》이었다. 승진시험 준비로 바빴지만 틈나는 대로 읽었다. 무슨 뜻인지도 몰랐지만 열심히 읽었다. 이게 도움이 됐는지 안 됐는지 알 수 없지만 몇 차례 고배를 마신 뒤 승진시험에 합격해 간부가 됐다. 아내가 기도하러 가는 남해 보리암이나 팔공산 갓바위, 설악산 봉정암에도 운전기사 겸 보디가드로 그냥 동행 역할만 했었다.

정년퇴임 후에야 불연이 성큼 다가왔다. 아내 권유로 서울 조계사에서 기본교육을 이수하고 통도사 불교대학을 졸업했다. 내 친김에 포교사 품수를 받고 2016년 법주사에서 봉행된 팔재계실 천대법회에서 전문포교사 품수도 받았다. 처음 배치받은 현장은 제53사단 좌삼부대 군포교 지국천팀이었다. 놀랍게도 당시 부대는 46년 전 내가 군복무를 했던 곳이었다. 60 중반을 넘은 나이에 부처님 법을 전하는 포교사로 다시 방문하게 되리라곤 꿈에도 생각지 못했던 일이다. 인연의 오묘함을 느끼며 전법현장에 발을 디딘 것이다.

부처님이 인도했다는 확신이 들었다. 팀원은 19명이었지만 활동 인원은 10여 명에 불과했다. 대중교통편이 거의 없었고 양산시 외곽에 위치해 접근하기 쉽지 않았던 탓이기도 했다. 교회와 호국 백일사가 경쟁 관계에 놓였다.

법회를 마친 장병들이 기다리는 점심 메뉴가 화제가 되기도 했다. 장병들 점심과 불전에 올리는 공양물, 간식 준비는 포교사들 호주머니에서 나오는 시주가 전부였다. 장병들 기호에 맞춰 충분히 준비하기란 늘 형편이 여의치 않았다.

법회가 열리기 전 참석 장병과 포교사 인원, 먹고 싶은 점심 메뉴를 파악해 부대 인근 식당에 주문을 넣는다. 항상 주문하진 않는다. 아들에게 먹이는 것과 같이 정성으로 마련한 반찬과 밥, 국을 주로 포교사들이 직접 준비한다. 장병들이 고기가 너무 먹고 싶다고 하면 풍성한 쌈 채소와 양념으로 숙성시킨 불고기를 실컷 먹을 만큼 마련하기도 한다. 이런 날엔 장병들이 어린애처럼 웃고 그렇게 즐거워한다. 그저 흐뭇하고 잘 먹어주는 장병들이 고맙고 대견할 뿐이다.

하지만 법회에 소요되는 경비는 큰 고민거리 중 하나다. 월 1만 5,000원 단비를 내고 팀활동비로 1만 원 이상을 시주해야 한다. 매년 열리는 행복바라미 모금에도 포교사들은 마음을 보탠다. 그러다보니 의욕이 상실되는 몇몇 사례를 보기도 한다. 사비 털어 전법하는 포교사들 신심이야 말할 것도 없다. 오로지 수승한 부처님 가르침 전하려는 마음도 가끔 힘에 부친다. 경제적 부담을 덜어줄 수 있는 종단 차원 대책이 아쉽다.

그럼에도 열과 성을 다했다. 예불과 《반야심경》《천수경》도 의례집전儀禮執典 능력 평준화를 위해 윤번제로 시행하고, 개정된 조계종 표준의례에 의거해 한글의례를 진행하는 등 법회 분위기를 일신했다.

휴일인 일요일에도 가정사나 개인사를 뒤로 미뤘다. 새벽부터 준비해 군법당으로 향했다. 새벽 4시 30분에 일어나 서재에서 예불을 올렸다. 칠정례七頂禮, 《반야심경》 봉독, 〈이산혜연선사발원문〉 봉독, 〈화엄경약찬게〉 〈법성게〉를 목탁에 맞춰 봉독하고 《천수경》《금강경》을 독송하고 나면 날이 밝아온다. 아침 한술로 허기진 배를 달래고 군부대를 향해 차를 달리곤 했다.

부대에 도착해 위병소에서 신분증 검사를 받는다. 비표 받아 영내로 진입하면 당직 사관실에서 열쇠를 받아 법당 문을 연다. 조촐하게 법당 불전에 준비해온 공양물을 올리고 상단 불보살에 경건한 마음으로 삼배 올린다. 장병들 불심이 새록새록 그 싹을 틔우기를 간절히 기원하면서…

"자비몰유적인慈悲沒有敵人 지혜불기번뇌智慧不起煩惱." 자비에는 적이 없고 지혜에는 번뇌가 일어나지 않는다는 말이다. 오래도록 몸에 배인 습은 새벽 4시 30분 어김없이 무의식 세계에서 의식 세계로 나를 안내한다. 포교사가 되고나서부터 몸에 밴 습이다. 포교사가 삶에 큰 변화를 가져다 준 셈이다. 직장에서 정년퇴임 후 회갑 지나고 인생 후반부는 그런 습으로 살아오고 있다. 세안하고 몸을 단정히 한 뒤, 새벽 5시면 서가에 모시고 있는 무위사 아미타여래삼존벽화 앞에 좌정한다.

새벽예불로 아침을 맞이하면 곧 인근 체육관에서 운동으로 비지땀 쏟으며 칠순 노구를 담금질한다. 병든 몸이 돼, 가족들에게 폐를 끼치고 싶지 않다. 그보다 죽는 그 순간까지 부처님을 닮아가는 삶을 살아가기 위해서다.

포교사단에서 크고 작은 공식·비공식 행사를 총괄 지원하는 사단지원팀장으로 활동 중이다. 9명에 불과한 팀원들과 그 소임을 다하기 위해 최선을 다한다. 부처님오신날, 부산 시민과 함께하는 봉축행사는 부산 시민공원에서 열렸다. 불교 관련 신행단체가 수없이 많지만 전문포교사, 일반포교사로 구성된 포교사단 부산 지역단원 800여 명은 행사 전반을 준비한다. 식전행사는 물론 10만여 명을 이끄는 기수단 역할, 각 신행단체 정렬, 질서 유지, 연등축제행렬 시가행진, 놀이공연마당에 이어 폐회 뒤 뒷마무리까지 포교사들이 열과 성을 다해 봉사한다.

사단지원팀은 지역단에서 지원 요청이 오면 즉각 달려가야 한다. 직장인이 대다수인 점을 고려하면 소수 몇 사람이 그 역할을 감내해야 한다. 지금은 남부지역 총괄팀장으로 6개 팀을 통솔하지만 돌이켜보면 지난 2년의 시간이 가장 힘들었다.

하지만 그만큼 보람 있었고 덕분에 수행에도 많은 진척이 있었다. 깨어만 있다면, 어디에서 무엇을 하든 한시도 부처님 모습이 뇌리에서 떠나지 않는다. 산행하든 대중교통으로 이동 중이든 나도 모르게 〈다라니〉나 《반야심경》을 암송한다. 그럴 때마다 환희심이 샘솟는다.

포교사로서 제도권 내 활동으론 미흡하다 싶어 황혼기에 병들고 소외되어 요양원에 입원해 있는 노인들을 위한 원력을 세웠다. 통도사 자비원 자원봉사활동이다. 전문포교사 2명, 일반포교사 4명, 재가불자 4명 총 10명으로 매월 둘째 토요일에 자비원에서 입원 어르신, 요양보호사들과 함께 《금강경》과 《불설아미타경》을 독경하고 신명나는 민요를 함께 부른다. 어르신들이 환한 미소로 밝게 웃는 모습을 볼 때마다 눈시울이 젖는다. 거동 불편하신 어르신들이 우리에게 환희심과 행복을 선물해 주심에 항상 감사를 올린다.

점점 깊어지는 부처님을 향한 마음이 지난 5월 중순 더 익어 가는 인연을 만나기도 했다. 부산 남부민동 천마산 아래 조계종 대법사로부터 부전스님이 소임을 그만두시게 되어 예불 올릴 포교사를 구한다는 부탁을 받고 나를 추천했다는 부단장님의 전갈이 왔다. 주지스님을 뵙고 그 소임을 맡기로 했다. 반출가! 절반의 출가였다. 전문포교사 신분이긴 하지만 출가승이 하는 부처님께 예불 올리는 막중한 소임에 온몸을 떨었다. 새벽예불과 범종 타종 등 반출가 생활은 전문포교사로서 불제자로서 잊지 못할 경험이었다.

절집도 사람이 모이는 곳이다 보니 일일이 다 열거할 수 없을 만큼 수많은 이야기 거리들이 양산된다. 시기, 질투, 교만, 탐심, 진심 등이 은연 중 묻어 나와 속세와 다를 게 별로 없는 것 같았다. 스님이 스님다워야 하고 공양주가 불자가 포교사가 포교사다워야 하는데… 남 탓할게 아니라 전법의 사명을 띤 포교사답게 처신하자고 참회하며 거듭거듭 새롭게 깨어나고자 각성하고 또 각성한다.

부처님 말씀으로

각성 이영진

"수리수리 마하수리 수수리 사바하…." 유년시절 집에서는 무슨 주문이 끊이지 않았다. 그 시절이 지나고서야 알았다. 어머니가 매일 집에서 틀어놓은 주문은 《천수경》의 시작 부분인 구업을 맑히는 진언이었다. 어머니는 어린 자식 손을 잡고 직지사를 자주 오르내렸다. 불연이 이미 시작됐던 것이다.

충북과 경북 경계 인근에서 태어났다. 차로 10분 거리인 곳에 황악산 직지사가 있었다. 기억을 더듬어보면 30여 년 전 직지사는 모과나무 과수원과 맑은 계곡, 노란 은행나무와 울창한 소나무숲이 들어서는 이들을 반겼던 사찰이었다. 대학에 진학하고 취직으로 잠시 고향을 등졌지만 노친을 뵈러가는 날이면 어김없이 '동국제일가람'이란 여초선생 글씨가 내걸린 일주문을 지나 대웅전 부처님을 참배한다. 고향인 셈이다.

탐진치 삼독에 찌든 생활에 치이다 일주문을 들어서면 잡념 망상이 잠시라도 사라졌다. 문득 대웅전 부처님 상호가 사찰마다 다르다는 호기심이 생겼고, 체계적으로 문화재와 불교문화를 공부하고 싶었다. 《명찰순례》라는 책을 숙독하면서 국내 여러 사찰과 인연이 싹트기 시작했다.

사찰 방문 전 꼭 《명찰순례》를 읽었고 현장에서 그 내용을 되새김질 했다. 그럴 때마다 환희와 보람은 몇 배로 컸다. 지심으로 삼배하고 대웅전에 좌정하면 찾아오는 평정심은 잊을 수가 없다. 그래서일까. 《선방일기》 무대였던 오대산 상원사와 중암, 신비로운 분위기의 청량산 청량사, 호쾌한 풍광의 영주 부석사와 수덕사 위 정혜사, 사찰 가는 길이 더없이 아름다운 상왕산 개심사, 나옹화상의 자취가 남아 있는 마곡사와 안성 청룡사 등 헤아릴 수 없을 만큼 부처님 품을 찾아다녔다. 언제나 새로웠고 언제나 따듯했으며 평온했다.

문득 일관된 가람 배치가 궁금했다. 각 사찰 특수성과 건립 장소는 논외로 하더라도 가람 배치에 일관된 기준이 있을까. 의문이 꼬리에 꼬리를 물었다. 한적한 대웅전에 들어 좌정할 때면 망상이 사라져 잔잔한 호수처럼 평정심이 유지되다가 일주문만 나서면 왜 번뇌가 불같이 일어나는지도 궁금했다. 부처님 말씀을 제대로 공부해야겠다고 발심했다.

망망대해였다. 어디서부터 시작해야 하는지 길을 알려주는 이가 없었다. 혼란스러워 여러 서적을 탐독했고 이기영 선생의 《불교개론》을 기본 뼈대 삼아 여러 경전을 읽었다. 체계적이지 못했다. 중구난방 경전 공부는 또 다른 갈증을 불러왔다. 불교역사와 교리에 체계적인 공부가 필요하다고 결론 내렸다. 절실함에 인터넷 검색 중 부처님 가피를 입었다. 조계종 포교원 디지털대학에서 온라인 강의가 있다는 정보와 만났다. 곧바로 기본교리 과정과 전문 과정을 차례로 밟았다. 지운, 원순, 무비 스님 등 강사스님들의 귀중한 경전강독을 듣고 또 들으면서 사유하고 있다.

아직도 부족함을 느낀다. 지운 스님이 강조한 문사수聞思修, 즉 '몸소 듣고 사유하면서 수행해야 한다'는 원칙을 믿고 따른다. 그래서 청화 스님이 주창한 염불선에 따라 소의경전인 《금강경》을 필사하고 수지독송한다. 《반야심경》《해심밀경海深密經》을 비롯한 유식唯識과 중관中觀, 《원각경》과 《화엄경》을 비롯하여 여래장如來藏 사상의 《대승기신론소大乘起信論疏》를 조금씩 공부 중이다. 여러 조사들 말씀도 긴요하다. 특별히 마음이 가는 육조혜능대사의 《육조단경六祖壇經》, 서산대사의 《선가귀감禪家龜鑑》 등은 반드시 필사하고 늘 곁에 두고 읽고 또 읽을 요량이다. 모두 신심을 일으키고 불퇴전의 자세를 견지할 수 있는 든든한 버팀목이다.

매일 자전거로 출퇴근하며《금강경》을 독송한다. 경전 공부를 하면 꼭 자필로 필사한다. 부처님 말씀을 기초로 틈틈이 몸가짐과 마음챙김을 반드시 실천한다. 불자가 아닌 주변 지인들에게는 역사와 문화재 공부를 위해 가까운 사찰을 방문하도록 독려한다. 불자의 경우 상황별 마음챙김과 단계별 경전 공부를 권한다. 언젠가 들어서야 할 포교사를 향한 첫 발걸음은 이미 시작됐다.

이제 대중에게 따뜻하고 자신에게는 엄격했던 훌륭한 스님들처럼 '수처작주隨處作主 입처개진立處皆眞' 자세를 확고부동하게 만들고 싶다. 부모에게 몸 받기 전 본래면목을 찾는 구도의 여정은 지수화풍地水火風 사대四大로 이뤄진 이 몸이 다할 때까지 끝없이 계속될 것이다.

나무상주시방불

나무상주시방법

나무상주시방승

불씨를 담아 가기를

일현 이정용

경남 지역단 마산총괄팀 군포교1팀

불교와 만난 어떤 특별한 인연이 있었던 것은 아닌 듯하다. 굳이 말한다면 신행 생활하신 어머니, 법명이 '도심道心'인 친구와 이른 시기에 만난 것, 철학적 관점에서 불교에 매료된 것 등이 총체적 인연이라 할 수 있을 것 같다.

사실 중년이 될 때까지는 현실적 생활에 매여 묵시적으로 삼보에 귀의한 불자였을 뿐이었다. 지천명에 이르러서야 나의 삶을 반추하고 자정해보고자 하는 생각이 깊어져 사찰에 나갔고, 불교대학에서 부처님 가르침을 공부하면서 현실적인 불자가 되었다. 이 인연으로 2006년 포교사로서 품수를 받아 오늘에 이른다.

전법하는 불제자로서 직함을 든다면 세 개이다. 오계를 수지한 재가자이고, 포교사단에 소속된 포교사이며, 군법당에서 법회를 담당하는 법사다. 추가한다면 경남 지역단 마산총괄팀 군포교1팀 원이다. 예전에는 군포교팀장을 한 적이 있고, 포교사단 상벌위원이었던 적이 있다. 이 중에서 군법사로서 군포교를 담당하는 것이 가장 특별한 것일 게다. 나 자신을 보다 불교적인 존재로 심화시켜 준 소중한 인연이라고 자부한다.

포교사로서 나의 활동은 군장병을 위해 매월 1회 일요법회를 봉행하는 것이다. 장병들과 함께 장엄한 군법당에서 국군법요집에 정해진 바에 따라 여법하게 진행하는 법회다. 《천수경》과 《반야심경》 등을 장병들과 함께 독송하고 예불을 올리며, 부처님의 가르침을 장병에게 전하며 회향하는 정례법회다. 포교사로서 품수 받은 이후 지금까지 법회를 100여 차례 봉행한 것 같다.

때론 팀원이 함께 하지만 혼자 법회를 봉행하는 경우도 적지 않다. 주로 내가 거처하는 지역인 창원에 소재하거나 창녕과 고성에 위치한 군법당 법회를 주관한다. 참여하는 군장병 숫자는 부대 성격에 따라 적게는 10여 명, 많게는 40여 명 정도다. 종교활동이 강조되던 때와 격세지감을 느낀다. 그러나 한 명의 장병 불자가 있는 한 법회를 열어야 한다는 게 신념이다. 장병의 숫자는 중요하지 않다. 단 한 명이라도 바른 가르침으로 인도하는 것이야말로 우리 포교사들의 숙명이다. 처음도 중간도 끝도 좋은 이 길을 젊은 친구들에게 전하는 일이지 않은가.

하지만 부담도 적지 않다. 법문 때문이다. 스님 숫자는 한정됐고, 포교사들은 스님 손길이 미치지 못한 곳까지 찾아가 전법해야 한다. 그래서 포교사들이 법문 주제와 내용을 소양대로 준비한다. 내 경우는 불교 기초 교리를 기반으로 하는 생활법문이 주를 이룬다. 그렇지만 어느 때부터인가 준비하는 법문이 일정한 지침에 따라 체계적이었으면 하는 바람이다. 일관성이 결여됐거나 중복된 법문은 장병들에게 수승한 부처님 가르침을 제대로 전달하기 어렵다는 생각에서다. 조계종이나 군종교구 차원에서 체계적인 법문 매뉴얼을 개발해 제공하면 좋겠다.

정례법회도 마찬가지이지만 더 신경 써야 할 법회가 있다. 부처님오신날 법요식과 수계법사受戒法師를 모시고 장병들에게 오계를 내리는 수계법회다. 법요식은 군포교팀원들이 마련한 소박한 법회이지만 전 부대원을 불자로 삼는 법회인 만큼 중요하다. 사바세계에 부처님이 오신 의미를 법요식으로 장엄한다. 부대원들과 비빔밥 공양을 함께 나누며 부처님 울타리 안에 있다는 느낌을 받기도 한다. 포교사로서 품수를 받은 것에 대한 의미를 되새기는 날이기도 하다.

수계법회는 상급부대에 소속된 군법사를 계사로 모신다. 장병들에게 불심을 심는 특별한 법회로서 신경을 많이 쓴다. 계사를 대신해 장병들 팔에 연비燃臂할 때 느껴지는 엄숙함은 군포교를 담당하는 포교사만 경험할 수 있는 특별함이기도 하다.

포교사로서 군포교에 몸담은 인연이 그대에게 어떤 의미가 있는가. 오늘도 스스로에게 물음을 던진다. 포교사로서 군포교에 몸담은 인연은 나의 정체성을 확인하는 일로서 의미를 지닌다. 달리 말하면 이 인연은 늘 '어떤 삶으로 살아야 하는가' 자문하게 하고, 이것에 대한 대답을 모색하게 해준다는 점에서다.

선현先賢처럼 이르지 못한 중생이라 자문 끝에 모색된 대답은 그저 그런 정도일 것이지만 자문과 자답은 나를 불자답게 하는 소중한 자량資糧이 된다. 연기적 존재이기 때문에 공성空性을 지닌다는 스님의 법문을 여실하게 귀담아 들을 수 있게 된 것도 군법회 봉행을 하면서 지속한 자문과 자답의 결과이리라. 이러하므로 한 달에 한 번이기는 하나 예불하고 장병들에게 부처님 가르침을 전하는 군포교 활동은 나에게 아주 특별하고 귀중한 것임에 틀림없는 것이다. 어느 때에 이르러 나의 정체성을 보다 더 여실하게 관조할 수 있는 눈 밝음도 군법회를 봉행하는 인연 중에 실현되리라 생각한다.

또 하나의 의미는 군포교팀원이라는 도반과의 인연이다. 팀원은 나의 포교활동과 신행에 귀감이 되는 존재로서 불교적인 일에 대한 생각을 터놓을 수 있어 편안한 관계이다. 포교사가 되었기에 이러한 소중한 인연을 얻은 것이다. 내가 불자로써 정체성을 도반 (팀원)을 통해서 직·간접적으로 항상 확인해온 것에 늘 감사한다.

군법회를 인연으로 장병들이 불씨(佛種)를 가슴에 담아가는 것이 나의 바람이다. 청법가에 나오는 구절처럼 "옛 인연을 이어서 새 인연을 맺도록" 말이다. 장병들은 군을 필하고 나면 대부분 학업에 복귀하거나 직장을 얻어 사회생활에 임하면서 불교 현장에 그들의 모습이 드러나지 않는 것이 현실이다. 하지만 적어도 그의 가족 또는 지인의 불교 신행생활에 우호자로서 또는 조력자로서의 역할을 할 수 있는 불씨를 지녀갈 것이라는 기대를 하고 있다. 또한 언젠가는 이 불씨가 증장되어 불심으로 돋아나, 더욱 적극적인 불자로서의 모습도 보여주리라 확신한다. 혹여 불씨를 지녀간 장병 중에는 미래에 성인으로 나툴지 누가 알랴! 이와 같은 기대는 군포교를 조심스럽고 정성스럽게 만들게 하는 부담이 되기도 하지만 군포교 활동은 나의 귀중한 인연이라 생각하고 힘을 다할 것이다.

이렇듯 포교사로서 군법회 봉행은 나의 신행이고 삶의 지남이다. 자리이타의 실천을 한다는 격려를 스님 또는 지인으로부터 들을 때면 군법회 봉행은 보람이고 감동으로 새겨진다. 이러하기에 여러 포교사에게 군법회를 봉행하는 포교활동을 적극 권하고 싶다. 아직 부처님 홀로 계신 군법당을 찾아가 법등을 밝혀야 할 곳이 많다. 군법회가 여러 포교사에게 인연이 닿아 봉행되어 원만하게 회향하였으면 한다.

포교사가 군법당에 상주할 수 없는 현실과, 법회에 수반되는 비용 때문에 하나의 군법당에 포교사 4~8명이 윤번제로 법회를 담당하는 것이 현실이다. 군 규정에 따라 공식적으로 군성직자로 임명되는 포교사는 2명뿐, 나머지는 비인가 성직자로 참여하고 있다. 이것이 그리 문제가 되는가 할 것이 아니라 모두가 공식적인 성직자로 임명되는 길이 열렸으면 한다.

포교사단 구성원은 일반포교사가 주축인데, 전문성을 제고하는 차원에서 소정의 교육을 수료한 후 분야별로 전문포교사가 배출된다. 포교사단이 불법홍포에 한 축을 담당하는 조직으로 거듭나기 위해서 전문포교사 배출과 역할은 강조되어도 지나치지 않을 것이다. 포교사단 내에서 어떤 직책을 담당할 수 있는 자격이 전문포교사 또는 일반포교사로 구분되는 것은 바람직한 일이 아닌 듯하다. 이름으로서 직책의 수행 역량을 재단하지 않으면 하는 바람을 포교사단에 전하고 싶다.

제4부

사람을 물들이다

기도하고 봉사하며

진공심 이현숙
대구 지역단 불교홍보전략팀

찬송가 부르기를 즐겼다. 기도가 뭔지 몰랐지만 찬송가가 좋았다. 교회 행사마다 참가해 찬양의 노래를 불렀다. 어린 시절에 만났던 절은 너무 무서웠다. 사천왕과 탱화 속 신장들이 두려웠고, 결혼할 때까지 그 각인은 지워지지 않았다. 다시 부처님을 만나지 않았더라면….

이웃집 언니가 대구 한국불교대학 대관음사로 이끌었다. 그때 나이가 서른여섯이었다. 어느 정도 세상을 바라보는 가치관이 굳어 있었다. 대관음사는 두려움의 각인을, 절의 이미지를 순식간에 지웠고 바꿨다. 소풍 갔던 예전 산사와 너무 달랐다. 우연인지 필연인지 숙명인지, 2003년 3월 한국불교대학에 입학해 처음 배운 게 찬불가였다.

노래를 좋아했기에 노래로 시작한 불교는 너무 친숙했다. 법회 때 부르는 삼귀의, 청법가, 사홍서원 등 예불의식이었지만 그래도 좋았다. 입학 첫날 스님이 사찰 예절과 오체투지를 쉽게 알려 주셨고, 내 가슴 어딘가 있는 신심의 불을 지폈다.

무섭게만 느껴졌던 탱화도 사천왕도 친근해졌다. 주지스님의 '새로운 불교 공부'에 재미를 붙였고, 도반들과 매달 108기도순례도 다녔다. 기수마다 맡겨진 화장실 청소, 공양간 봉사 등 소임도 힘든 줄 몰랐고 즐거웠다.

수행이 필요했을까. 청견 스님의《절을 기차게 잘하는 법》과 시절인연이 닿았다. 부산까지 한 달음에 달려갔다. 청견 스님을 친견하고 직접 바르게 절하는 법을 배웠다. 도반들에게 알려주고 함께 천배도 삼천배도 여러 번 회향했다. 팔공산 갓바위를 가면 제각각 절하는 불자들에게 쉽고 바르게 절하는 방법을 가르쳐 주고 싶을 정도로 열심이었다. 도반들이 "천배만 해도 다리가 아파 고생했지만 많이 좋아졌다"며 고마움을 전하면 정말 행복했다.

아예 수행단체를 만들었다. 주지스님께 말씀드려 '아름다운 절 수행단 원각회'를 결성했다. 벌써 10년이 넘었다. 매주 토요일 오후 7~10시 절수행을 한다. 매년 12월 25일엔 대관음사 신도 전체가 천배나 삼천배를 한다. 절하면서 행복하게 변해가는 도반들 얼굴이 환희로 다가왔다. 원각회 총무로서 토요일마다 빠짐없이 좌복을 준비하면서도 피곤한 줄 몰랐다.

한 번 타오른 신심은 꺼지지 않았다. 독거노인 무료급식 봉사단체 대승회 활동도 마다하지 않았다. 1,000인분 이상 소고기국밥을 끓여 어르신들께 공양한다. 성도재일 철야, 새해 해돋이, 철야정진 야식, 어르신 경로잔치 등 크고 작은 행사에서 활약 중이다. 총무로 3년, 회장으로 2년을 봉사했지만 지금도 특별한 일이 없으면 공양간을 찾는다.

이 수승한 부처님 가르침을 우리만 알고 있기엔 너무 아까웠다. 한국불교대학 공식 인터넷 카페인 〈불교인드라망〉을 활성화시켜 불교계 랭킹 1위로 올려놓았다. 한국불교대학 기자단 단장 소임은 전법원력을 채찍질했다. 행사 때마다 주지스님 법회 때마다 사진 찍고 법문 녹취를 밤새워 풀어 기사를 써서 홈페이지와 인터넷카페에 올렸다. 포교에 큰 역할을 한다는 자부심을 느꼈다. 도반 중 몇 명을 추천해 기사 법보시에 동참시켰다. 하지만 안타까운 점도 있었다. 기독교인들은 카페활동으로 홍보하고 젊은 층을 전도하는데 연세가 적지 않은 불자들은 인터넷을 몰랐다. 휴게실에 컴퓨터 두 대를 설치했고, 틈 날 때마다 컴맹인 불자들을 붙들고 사용법을 알리기도 했다.

한 발 더 나아가고 싶었다. 우물 안에서 머물 수 없었다. 2011년 인터넷카페 불교인드라망을 도구 삼아 전 세계에 한국불교대학과 한국불교를 알리겠노라 다짐했다. 부처님 가르침을 널리 알리고자 했다. 조계종 제16기 일반 포교사고시에 응시했고 당당히 합격했다. 이력을 살려 대구지역단 홍보전략팀에 배정받았다.

찬송가 부르던 소녀는 이제 찬불가 부르고 불교 기사를 쓰며 포교사로서 전법에 매진하는 '열혈 불자'가 됐다.

"미쳤다."

처음 절에 다니기 시작할 때 "사이비종교에 빠진 것 아니냐"는 말까지 나왔다. 그랬던 집안 식구들 모두 나를 통해 부처님 제자가 됐다. 5~6년 전, 내게 "절에 미쳤다"고 했던 친정 삼촌도 "나도 그 절에 한 번 가볼까" 하시더니 3년째 절에 걸음 하신다. 이모, 고모, 동생들, 남편, 아들까지 불자로 거듭났다. 4년 전 친정아버지가 운명하셨을 때는 함께 공부하고 봉사했던 많은 도반들이 문상을 왔다. 포교사 40여 명이 단복을 입고 찾아와 《금강경》을 독송했고, 스님은 시다림과 기도를 해주셨다. 온 집안에서 칭찬이 자자했을 정도다.

포교사로서 '열혈 불자'로서 전법은 숙명이었다. 끊임없이 해왔다. 2년 전인 2015년 인도와 스리랑카 성지순례를 다녀오면서 신심은 더 돈독해졌다. 매년 10명 이상 부처님 가르침으로 이끌었다. 2016년엔 38명, 2017년은 20명을 부처님 도량으로 안내했다. 회주스님께 큰 선물을 받고 포교사례 발표도 했다.

가령 어떤 사람이 부처님을 머리에 이고
한량없는 세월 동안 섬긴다 하더라도,
자신의 몸이 삼천대천세계와 같이 넓은 평상의 의자가 되어
부처님을 앉고 눕게 하여 받든다 하더라도,
만약 부처님의 가르침을 전하여 중생들을 제도하지 못하면
끝내 부처님의 은혜를 갚을 길이 없으리라
假使頂戴經塵劫　身爲床座遍三千
若不傳法度衆生　畢竟無能報恩者

전법을 강조하는 뜻으로, 우리가 부처님 은혜를 갚는 길은 전법, 즉 포교뿐이다는 말을 명심하며 실천하려고 노력 중이다. 한국불교대학 대관음사 기자로, 포교사단 대구 지역단 홍보전략팀장으로, 포교사단 중앙홍보위원으로 활동한다. 매 토요일 무료급식 봉사와 첫째 주 철야수행에 빠지지 않는다. 수요일마다 저녁반 수업을 받고, 수행하고 봉사하면서 부처님 가피가 확실하다는 믿음을 쌓는다.

신행이나 봉사를 자랑하려는 게 아니다. 공부만해서도 봉사만해서도 안 된다. 지혜를 배우고 봉사하며 베풀고 다른 사람을 이해하면서 수행으로 자신을 관리할 줄 알아야 한다는 사실을 깨달았다. 배움을 사회에 회향하는 길이 전법이고 포교다. '엘리트 불자' 4대 신행목표인 신해행증信解行證을 지표로 삼고 하심하면

서, 작은 것에도 감사할 줄 아는 내 모습이 부처님 얼굴이다.

주위에서 한 사람의 역할이 얼마나 중요한지 자주 목도한다. 포교사이지만 직장여성인지라 매일 기도하고 수행하지는 못한다. 하지만 1주일에 서너 번 이상 절에 간다. 1주일에 한 번 수업과 봉사, 수행과 포교활동 그 중에서도 불법을 홍포하고 절과 불교의 크고 작은 행사를 알리는 일이 너무 즐겁고 재밌다.

무종교인 친정 모두가 불교에 입문해 만날 때마다 부처님 이야기로 꽃을 피우는 행복한 경험을 한다. 기독교인이 대부분이던 사무실이 나로 인해 불자가 많아져서 행복하다. 바람이 있다면 우리 사무실에서 한 달에 한 번 법회를 하고, 기도순례도 가는 불자 모임을 만들고 싶다.

절에 열심히 다니면서 기도하고 봉사하며 포교 중이다. 지금까지 가정이 화목하고 행복하게 살 수 있도록 부처님께서 가피를 내려주시는데 어찌 은혜에 보답하지 않을 수 있을까.

전국에서 4,000여 명의 포교사들이 모였다. 2016년, 속리산 법주사에서 포교사로서 발원을 다시 맹세했다. 전문포교사 12기로 품수 받은 그날 이후 더욱 전법에 매진 중이다. 부처님께 보답하기 위해 열심히 기도하고 봉사하며 이웃에 말 한마디라도 따뜻하게 하면서 포교사로서 전법하면서 세세생생 보살도 행하기를 서원한다.

풍선에 띄운 자비

연화심 정민숙

"우리는 충분히 많은 것을 가졌습니다. 더 많은 것을 가지려고 애를 쓸수록 괴로워진다는 사실을 알아야 합니다. 괴로움의 원인은 대부분 욕망에서 비롯됩니다. 놓아버리면 집착하지 않게 되고 그에 따른 고통도 자연스럽게 소멸됩니다. 손에 쥐고 있는 것들을 버린다고 해서 모든 집착이 사라지는 게 아닙니다. 이기적인 욕망을 나를 행복하게 만드는 긍정적인 방향으로 돌리는 수행이 중요합니다. 그리고 보살의 마음으로 최소한의 것도 충족되지 않는 주변 사람들에게 관심을 쏟는 자비를 실천해야 합니다. 그것이 우리가 집착에서 벗어나는 길입니다."

뒤늦게 알았다. 자비행을 찾아보니 서울 불광사 회주 지홍 스님 법문에 이런 글귀가 눈에 들어왔다. 그렇다. 보살은 어머니가 자식을 향하는 마음 그 자체다. 연민을 느끼고 사랑하며 보살피려는 따뜻한 마음이며 자비행은 그 실천이었다. 배고픈 이에게 밥이 되고 아픈 이에게 약이 되며 집이 필요한 이에게 보금자리를 서원한 큰스님들 원력이었다. 내겐 그만한 원력은 언감생심이지만 나름 노력을 했던 것 같다.

10년도 넘었지만 아직도 생생한 기억이다. 2006년 8월이었다. 괴산군자원봉사센터 문을 두드렸다. 아이 둘을 낳고 풍선장식가와 풍선강사로 활동하면서 조금 더 의미 있는 일을 해보고 싶어서다. 주부교실이라는 봉사단체를 소개받았다. 괴산군 내 주부들로 구성된 여성봉사단체인데, 젊은 주부들이 많아서인지 활기찼다. 입단해 처음 방문한 곳이 청천재활원이다. 멀리서 정신지체어르신이 달려와 안아주시는 순간, 만감이 교차했다. 거부감, 역겨움, 창피함… '내가 원하던 봉사가 아닌데…' 미안함부터 순식간에 여러 생각이 지나갔다. 진정하고 돌아오는 내내 마음 한구석이 이상했다.

셋째 아이를 갖게 되면서 봉사는 잠시 접었다. 출산 후 첫돌이 지난 뒤 다시 봉사활동을 시작했다. 이번엔 마음이 움직이는 대로 따르기로 했다. 어르신들을 깨끗하게 해드리는 목욕봉사팀에 소속됐다. 오지마을 독거어르신을 찾아가 이동목욕버스에서 목욕을 시켜드리는 일이었다. 머리카락을 감겨 드리고 때를 밀어드리는 등 온몸을 씻겨드려야 했다. 휠체어를 탄 어르신도 있어 옮기는 일이 너무 조심스러웠다. 자칫 잘못하면 휠체어에서 목욕의자로 옮기는 도중 넘어질 수 있어서다. 쉽지 않은 일이었다.

그래도 도움이 될까 싶어 요양보호사 학원에 등록했다. 2달 정도 이론을 배우고 2주간 실습을 마치고 자격증을 땄다. 애초 자격증이 목표가 아니었다. 말벗이나 목욕 등 어르신들을 대할 때 마음가짐은 어떠해야 하며 어떤 도움을 드려야 하는지 알고 싶었다. 어르신들을 돕고 싶은 마음뿐이었다. 점차 어르신들 입장이 될 수 있었다. 봉사할수록 보람과 행복을 느꼈다. 반면 가정 살림은 소홀해져 약간 엉망이 됐다. 청소와 설거지로 남편과 의견 충돌이 생기기도 했다.

센터에서는 재능기부를 제안했고, 풍선으로 봉사단을 만들어 교육을 시작했다. 미소풍선이라는 단체를 만든 지 수년째다. 봉사를 노력봉사로만 여겼지만 재능을 기부하는 일도 보람 있다는 사실을 깨달았다.

절에서 생활도 그렇다. 내가 다니는 충북 괴산 조계종 개심사는 어릴 때부터 인연으로 낯설지가 않다. 경찰공무원인 남편의 진급시험을 앞두고 백일기도를 시작했고, 절은 일상으로 뚜벅뚜벅 걸어들어왔다.

보현회라는 신도 모임을 하면서 불자로서 생활이 시작됐다. 기도하면서 사중 일을 거들었다. 주지스님과 김장 준비도 하고 겨우내 먹을 수 있도록 무도 뽑고 무청을 말렸다. 법당 잔심부름도 했지만 단 한 번도 힘들지 않았다. 오히려 스님께 도움이 되는 것 같아 좋았고, 절에서 어떻게 생활해야 하는지 알아서 좋았으며, 법당에 들어가는 순간 가득한 향 내음이 좋았다. 불교 공부와 사회 복지 공부를 하면서 배려와 자비 덕목이 제일 중요하다는 사실을 깨달았다. 내가 소속된 사찰을 많이 접하고 많은 사람들을 대해야 배려나 자비 실천이 가능하지 않을까 생각한다.

지금은 개심사 청년회 법회 상임부회장이고 어린이법회 간사로서 매월 첫째, 셋째 주 토요일마다 법회를 진행 중이다. 중등부 법회는 보조간사로 활동한다. 올해는 일이 바빠 어린이법회 운영에만 전념할 생각이다. 하지만 12월이 되면 포교사로서 또 보살로서 새로운 인생을 시작해보려 한다.

평생 공부

경공 정성광

행복은 내 작품이다. 내 운명은 내가 결정한다. 25년 전 부모님은 일찍 돌아가시고 군대를 전역한 뒤 홀로 남은 할머니와 지내면서 나 자신을 고민했다. 앞으로 무엇을 해야 하나, 내가 누구이며 왜 태어났는가, 어디서 왔고 어디로 가야 하는가…. 답답함에 혼자 사색에 빠지는 일이 많았다. 나중에는 할머니의 걱정스러운 외침도 뒤로하고 버틸 수 있을 허기만 채우며 혼자 방에 틀어박혔다. 모든 빛을 차단하고 촛불과 향에 의지하며 몇 개월을 방황하던 중 나도 모르게 밖을 누비고 다녔다.

영화 속 필름처럼 순간순간 스쳐가듯 나타나는 현상들, 잠들면 꿈속에서 보이는 여러 모습들. 어떻게 해야 매듭을 풀 수 있는지 몰랐다. 할머니 부탁을 받은 무속인 7명의 도움으로 박수무당을 면한 뒤 군에서 배운 굴삭기 운전으로 사회에 뛰어들었다. 가정을 꾸렸고 삶의 현실을 하나씩 헤쳐 나가는 일에 몰두했다. 나를 찾는 일은 뒷전이 되고 말았다.

만일 누군가 "당신은 누구십니까"라고 질문을 한다면 우리는 어떻게 답을 할까? 자기 자신을 아는 자, 그는 영원한 행복과 열반을 즐길 줄 아는 사람이다. "너 자신을 알라"로 알려진 철학자 소크라테스의 유명한 일화가 있다. 어느 날 제자의 질문에 그는 "나는 내가 누구인지 모른다는 것을 알고 있다"고 답했다. 그는 분명 인류에게 오만과 불의 그리고 부도덕을 낳는 지식을 버리라고 했다. 정의로운 지혜의 세계를 아무것도 모르고 있을 만큼 무지를 스스로 깨달으라는 뜻을 전하고 있다.

나 그리고 우리는 자연의 일부다. 태양빛을 받고 물을 먹고 공기로 호흡하며 먹고 배설한다. 5년 전이다. '나는 누구인가, 불교를 알면 행복합니다'라고 쓰인 플래카드가 나를 부르는 것 같았다. 당시 거주하던 곳에서 10분 거리에 있는 경기도 화성 신흥사에서 불교대학 신입생을 모집하는 홍보였다.

입학 자격에 부담이 없었다. 7, 8년 전부터 우연히 라디오 주파수에 잡힌 불교방송으로 나름 공부를 한다고 했지만 부실했다. 수박 겉핥기라는 생각에 불교대학 16기로 등록해 공부했다. 신도 기본 예절, 사찰 예절, 불교 기초교리, 부처님 가르침, 템플스테이, 수계식 등 불자로서 갖춰야 할 기본을 배우는 동안 목마른 갈증을 해소하듯 너무 기분이 좋았다. 1년 과정인 불교대학 기본과정을 다시 다니고 싶었지만, "이제 신행을 해야죠?"라는 총무스님 말씀에 졸업했다.

18기 불광회 총무 소임으로 회원들과 함께 재적사찰 신흥사의 정재소, 다향각 등 각종 행사 준비와 봉사를 했다. 부처님 가르침을 배우고 전하며 매년 하안거와 동안거 백일기도 정진, 백팔배, 나를 찾는 템플스테이에 꾸준히 동참했다. 경전연구반의 불교철학박사 최봉수 교수님의 초기불교, 《금강경》 강의를 수강하며 수행에 하나하나 살을 붙여 나갔다. '불교 공부는 입학이 있으나 졸업은 없다'는 신념으로 평생 공부하겠다고 발원했다. 지금 이 자리에 있다는 사실이 너무 감사하고 행복하다.

난 오온五蘊이 아니다. 이 몸은 물질, 느낌, 인식, 심리, 알음알이 등 무더기의 집합체다. 뼈와 살, 피와 정신, 느낌 등 오온과 감각 모두가 참나가 아니다. 느낌대로 좋아하고 싫어했고, 생각대로 행동했으며, 감정대로 울며 화내고 보낸 시절이 얼마나 어리석은 기억인지 새삼 부끄럽다.

참나를 찾는 일, 나는 내가 누구인가를 찾기 위해 얼마나 노력하고 있을까. 일상에 부딪히다 보면 많이 놓치는 경우가 많다. 그러나 무엇을 하든 나의 상태를 확인하며 '나는 지금 무엇을 하는가' '최선을 다하고 있는가' 되묻는다. 이 순간 내가 하는 일 모든 것이 나의 미래를 결정짓는 행위다.

'나는 누구인가'를 늘 놓치지 않고 부처님 가르침 그 끈을 허리에 질끈 매어 놓고 욕심, 화냄, 어리석음 삼독에 빠지지 않고 물들지 않으려고 발원하고 기도하며 노력 중이다. 목욕탕에서 때를 씻어 내면 미끈하고 깨끗한 피부가 된다. 수행의 길 위에서 내 속에 깃들어 있던 온갖 탐진치를 씻어 내면, 마음의 때를 씻어 내면 얼마나 아름답고 행복한 세상을 느낄까 생각한다.

지금 이 시간에도 자신을 찾기 위해 정진하고 있는 모든 수행자들에게 깨달음의 힘찬 박수를 보낸다.

왜 사는지 묻는다면

명현 정철균

'부모미생전 본래면목.' 부모에게 몸 받기 전 이 몸이 무엇인가? 오래전부터 나를 끊임없이 힘들고 괴롭게 했던 일들이 있었다. 그중 하나는 아버지를 향한 미움이다. 항상 떨쳐지지 않은 채 순간순간 떠올랐다. 술과 폭력으로 집안 식구들을 힘들게 하면서 내 어린 시절에 고통스러운 기억만 남게 했다는 생각에 분노까지 치밀어 오르는 것이었다.

또 하나는 나의 주변에는 꼭 분심을 일으키는 사람이 한두 명씩 존재했다는 것이다. 어려서 성장 과정의 문제였는지 아니면 내 전생의 업장 때문인지 모르겠다. 내 주변 한 사람이 되었든지 과거 어떤 사람이 되었든지 어느 누가 정말 미워서 내가 못 견디게 분심을 일으키게 만드는 사람들이 있었다.

2년 전이다. 주변 누구에게도, 같이 살고 있는 아내에게도 터놓고 말 못하는 이 마음을 어떻게 풀어야 할지 고민했다. 어떻게 하면 이 마음의 고통스러운 짐들을 없앨 수 있을지 헤매다가 법륜 스님 즉문즉설을 담아놓은 책을 찾아 읽었다. 차츰 불교에 대해 여러 가지 공부를 시작할 수 있었다.

처음에는 어떻게 공부해야 하는지도 몰랐다. 이 절 저 절 유랑하면서 문화재 관람하듯 절을 찾아다녔다. 하지만 무엇을 어떻게 해야 마음을 다스리는 공부를 할 수 있는지 방법을 알 수가 없다. 다행히 인터넷에서 디지털대학을 알게 되어 입문반을 거쳐 신도전문과정을 공부했다. 템플스테이로 인연이 된 사찰에서 1년 넘게 자원봉사 하면서 서서히 아버지를 원망하고 미워하는 마음을 조금씩 지워갈 수 있었다.

어느 날, 자원봉사로 절에 가서 차담을 하던 중 스님께 그 문제를 여쭈니 이렇게 답해주셨다.

"내가 미워하고 나에게 원망을 일으키는 그 사람이 어쩌면 그대를 공부시키고 수행하도록 돕고 있는지 모릅니다. 스님인 나도 가끔 어떤 사람들이 미워질 때도 있답니다. 그때 자신을 살펴보고 그 분심의 원인이 무엇인지를 살펴보고 수행의 원력으로 삼으십시오."

'스님 마음속에도 내가 생각하고 괴로워하는 일들이 있구나. 나만 그렇지 않구나. 이 마음을 극복하고 견디고 다스리는 게 수행이고 마음공부구나.'

미움과 원한의 기억만을 남기고 돌아가신 아버지의 조그만 영정을 놓고 매일매일 백팔배했다. 왜 그렇게 힘들게 사시다가 가셔야 했는지, 왜 그렇게 가족들에게 그걸 다 풀려고 하셨는지 속으로 묻고 또 물었다. '이제는 내 마음에서 지워질 수 있고 지워야 한다고…'. 수행으로 내 마음을 바꿔야 한다고 여겨 마음공부를 했다.

불교 공부를 시작하고 붓다로 살자고 마음을 잡으면서는 깨달음이라는 것에 대해 관심을 갖고 나의 내면, 마음자리, 진여의 자리라는 것을 찾고자 수행을 시작했다. 그간 분심, 치심을 다스리기 위한 노력들이 내 마음자리를 몰라서 헤매는 중생의 모습이었음을 알게 됐다. 이생에서 꼭 내가 누구인지 알아보자는 각오를 항상 하면서 나를 살피고 마음의 움직임을 살피고 있다.

올봄부터 살고 있는 동네 뒷산에서 시간 나는 대로 '부모에게 이 몸 받기 전 난 누구인가?'를 화두 삼아 참선을 하곤 했다. 내가 누구인지를 책속에서나 머리로 풀어내는 게 아니라 깊은 내면에서 자각해야 한다는 게 그간 불교 공부를 하면서 알게 된 사실이다.

비록 출가수행의 길을 걷지 못하더라도 나를 찾는 수행을 쉬지 않고 해보자는 오기로 틈틈이 책을 펴고 자리에 앉거나 산속을 걸으며 오로지 '앉고 서고 보고 듣고 옷 입고 밥 먹고 사람 만나 이야기하는 모든 장소와 순간에 한없이 밝고 신령스러움을 지각하는 이놈이 뭣고'를 화두로 붙들어 본다.

부처님 가르침 만나 사람으로 살아간다는 것을 바라보는 생각들이 많이 바뀌었다. 어찌 보면 인생이라는 게 허망하다고 여겼다. 그러나 이번 생에 할 일이 생겼고 하루하루가 아깝고 소중하다. 부자가 되거나 권력을 손에 쥐고 세상 위에 군림하는 헛된 망상을 꿈꾸면서 시간을 보낸 적도 있었다. 이제는 무엇을 이 세상에서 해야 되는지를 어렴풋이 알게 되면서 미소 짓는다.

내가 누군지 알아가는 게, 생사윤회 굴레에서 벗어나는 게, 이 세상 살아가는 내 모습이 돼야 하지 않겠는가.

기도와 수행이 먼저다

진여정 **정효숙**

대전충남 지역단 동부총괄 사찰봉사2팀

나의 하루는 새벽부터 열린다. 포교사가 되기 전이나 포교사가
된 지금이나 마찬가지다. 새벽 3시, 모두가 잠들어 있는 시각이다.
삼라만상을 깨우는 도량석보다 먼저 대웅전에 오른다. 부처님 앞
에 합장 삼배하고 조용히 읊조린다. '부처님, 오늘도 기도하러 올
수 있게 해주셔서 감사합니다.'

조심스럽게 대웅전을 내려온 뒤 합장하며 대불전 계단을 오른
다. 그리고 대불전 아미타 부처님께 인사를 고한다. 세 가지 발원
과 함께.

'이곳을 찾는 모든 불자들이 행복하기를 발원합니다. 이곳이 모

든 불자들의 안식처가 되기를 발원합니다. 이곳이 모든 불자들의 소원성취 기도 도량이 되기를 발원합니다.'

향 3개를 사른다. 전각에 향 내음이 퍼질 무렵, 삼보에 귀의하고 또 발원한다.

'거룩한 부처님께 귀의합니다. 거룩한 가르침에 귀의합니다. 거룩한 스님들께 귀의합니다. 아미타 부처님, 이곳에 대불을 조성하여 좋은 기도처를 만들어 주신 조실 경해법인 큰스님과 주지 대원 스님 늘 건강하시고 행복하게 오래 사시길 발원합니다. 이곳 불사에 보시공양하신 많은 불자들께도 부처님의 가피가 함께하시길…. 내가 아는 모든 불자들이 삿된 길로 가지 않고 부처님 정법에 들기를 발원합니다.'

마음속으로 발원한 뒤 대불전 앞에서 참회의 절을 올린다. 아직 어둠이 머물고 새벽빛이 가물거린다. 달, 별, 구름과 동화되어 절을 하다보면 어느덧 4시다. 대웅전 쪽에서 도량석 시작을 알리는 목탁 소리가 들려온다. 마무리 절을 올리고 대웅전을 찾는다. 부처님, 관세음보살님을 모신 상단과 중단, 하단에 삼배의 예를 올린 뒤 〈관세음보살보문품〉을 장궤합장하고 간경한다.

〈화엄경약찬게〉 삼독을 올리면 조실 경해법인 큰스님 집전으로 새벽예불이 시작된다. 칠정례를 올리고, 중단에 〈반야심경〉, 하단에 〈법성게〉의 예를 올린 뒤 대웅전을 나와 조실 경해법인 큰스님께도 예를 올린다. 다시 대불전으로 올라와 《불설아미타

경》《능엄신주》〈화엄경약찬게〉〈반야심경〉을 독경하고 전각에서
내려온다.

새벽 3시 예불기도 시작 후 하루도 거르지 않은 일과다. 2018
년 2월 4일이면 만 7년이 된다. 1,000일 이후부터는 100일마다 회
향을 하며 천안 각원사 독거노인 급식에 빵을 보시했다. 2,000일
과 2,500일 회향 때는 회향 염주를 보시했다.

집에서 새벽기도를 여러 번 시도했지만 지속하기 어려웠다. 더
구나 지난해 겨울에는 독감으로 병원 외래진료를 다녀 너무 힘
들었다. 주변에서도 새벽기도를 쉬는 게 어떻겠냐고 권유할 정
도였다. 마음이 몇 번 흔들렸던 것도 사실이다. 그러나 그럴 수가
없었다.

경해법인 큰스님께서 수행정진하는 모습을 곁에서 지켜보면서
절대 중단해서는 안 되며, 초발심을 되새기며 끝까지 해야 한다고
하셔서 굳은 결의를 다졌다. 힘든 겨울이 와도 정말 잘 견뎠고 내
자신이 대견하다는 생각이 들었다.

큰스님께서는 2013년 10월 15일 일본에서 영구 귀국하신 뒤로
지금까지 하루도 빠지지 않고 새벽 2시 50분에 일어나신다. 3시
30분이면 대불전을 비롯한 모든 전각에 향을 사르시고 대웅보전
새벽예불을 꼭 드린다. 정말 대단한 신심이자 원력이라는 생각을
지울 수 없다.

새벽기도를 하면서 부처님에 대한 경외심, 감사함에 믿고 따르

고 의지하며 눈물도 흘렸고 환희심에 감격했다. 마음속 충만함에 늘 행복했다. 또 기도수행을 하면서 힘들고 포기하고 싶던 마음이 각원사 조실 경해법인 큰스님과 인연을 맺으며 부처님과 불보살님들에 대한 깊은 신심으로 바뀌게 되었다. 새벽예불을 통해 얻은 신심을 나만 느끼기 아쉬웠다. 그렇게 포교사의 길로 접어들게 되었다.

'포교가 곧 수행, 수행이 곧 포교'였다. 포교사의 길을 걷는다는 원력이자 지향점이기도 하다. 2,000일 넘는 새벽예불과 포교사 활동은 내게 부처님을 닮고 결국 그분처럼 되겠다는 서원의 발로다. 신심을 돈독히 하는 신행과 수행으로 내 안에 있는 부처님 향기를 주변으로 퍼뜨리고 싶다는 간절함이기도 하다. 향을 쌌던 종이에서 향 내음이 나듯 일상을 새벽예불로 시작하니 알게 모르게 언행에서 화안애어和顏愛語와 하심이 되는 것 같다.

현재 천안 각원사 신도로서 또 포교사로서 지내고 있다. 사찰봉사팀에 소속돼 각원사가 중심이 된 봉사활동에 전념 중이다. 물론 포교사로서 지역 내 다른 사찰에서 활동도 소홀하지 않는다. 하지만 재적사찰에 무게를 두고 포교사 초발심과 원력을 유지하며 사찰봉사팀장 소임을 맡고 있다.

각원사는 불교대학 활동이 조직적으로 잘 운영되고 있다. 그래서 포교사의 특별활동이 필요하지 않을 정도로 훌륭하다. 불교대학 출신 포교사로서 특별하게 주어지는 소임도 없다. 그럼에도 초하루법회, 특별법회, 천도재 등 각종 법회에 포교사로서 사찰봉사팀장으로서 솔선수범하며 참석해 활동에 최선을 다한다. 법회 뒤 정돈되지 않은 좌복을 정리하거나 독송용 경전을 제자리에 놓는다. 기도와 예불, 사찰행사에 늘 동참해 신도로서 포교사로서 그리고 한 사람의 불자로서 기본에 충실하려고 노력한다.

각원사에서는 독거노인 무료급식을 배달한다. 불교대학 재학생은 설거지, 졸업생은 1년 동안 조리하며 도시락 담기, 배달에 나선다. 여기서 급식팀장 소임을 맡으면서 봉사에 대한 마음이 생겼다. 포교사들이 팀별로 봉사하는 모습에 나도 참여하고 싶었다. 포교사로서 사찰봉사를 좀더 조직적으로 하고 싶은 생각이 있다.

가끔 포교사로서 진정한 불자의 모습을 생각해본다. 다른 불자들도 흔들림 없이 신심을 잃지 않았으면 하는 바람이 간절하다. 말로 포교하는 것도 중요하지만 행동으로 몸소 실천한다면 불교를 제대로 받아들이게 되지 않을까? 불교에 관심을 갖고 수행기도를 열심히 하며 살아간다면 그들의 생활에 놀라운 변화가 생기지 않을까?

포교가 수행이고 수행이 포교라 생각한다. 포교사로서 자신감 있게 활동하기 위해서는 기도 수행이 중요하다고 본다. 또한 일반 불자들의 눈높이에 맞춘 대화를 위해 불교의 경전이나 문화, 역사 등에 관한 전문적이고 체계적인 식견을 갖출 필요성을 느꼈다. 그동안 시간이 없다는 핑계로 전문포교사 공부를 시작하지 못하다가 시간을 쪼개 디지털대학 신행학과에서 전문포교사과정을 시작하니 새로운 지식이 생기고 소홀히 여겼던 부분들에 대해 다시 되짚는 계기가 되어 계속 공부한다는 것의 중요성을 깨닫게 되었다. 어느 분야든 깊이 있게 공부해야 주변 사람들에게 좋은 안내자가 되지 않을까?

나는 성격상 시작한 일은 끝까지 성공적으로 끝내야 한다. 포교사를 처음 시작할 때 부처님법 공부에 머물지 않고 꾸준히 정진하고, 전문포교사를 하게 되면 이름에 누가 되지 않게 깊이 있는 공부를 계속하리라 생각했다.

포교사로서 바람이 있다면, 대웅보전에 모셔진 아라한님들을 영산전으로 이운하는 이운불사에 대전충남 지역단 포교사들을 동참토록 하고 싶다. 또 청동대불 아미타 부처님 전에서 전국 포교사 팔재계 수계법회를 거행하여 각원사를 전국 도처의 모든 불자들에게 알리고 싶다. 마지막으로 각원사 운영 '은빛복지관'에서 열심히 봉사하고 후원에 동참하고 싶다.

이러한 활동에 많은 불자들이 신심을 갖고 적극 동참할 수 있도록 나에게 주어진 소명을 다해야겠다. 장소가 어디든 불교는 모든 이에게 열려있다.

천진불 포교 원력

대각행 조영미

강원 지역단 어린이청소년팀

"연꽃이 물에서 나오나 물에 젖지 않는다." 경전 《삿다르마 푼다리카 수트라Saddharma Pundarica Sutra》에 나오는 말씀이다. 이 경전을 한문으로 번역하면 《묘법연화경妙法蓮華經》이다. '연꽃이 물에서 나오지만 물에 젖지 않는다'는 그 말씀에 담긴 의미를 뒤늦게 알았다. 포교사 활동 10년이 지나서야 조금이나마 깨닫게 됐다. 이런 경이로운 삶을 열어준 것이 일반포교사, 전문포교사, 선혜품계로 이어지는 불법의 인연이었다.

아주 사소한 발심이 씨앗이었다. IMF시절, 모두가 힘들었다. 당시 강릉자비원이라는 복지시설에 있는 어린이들을 위한 미술 봉사활동이 첫걸음이었던 것 같다. 이후 어린이청소년 사회복지사로, 어린이청소년 포교사로 지금까지 걸어왔다.

어린이청소년기는 인생주기에서 첫걸음이다. 미래 인연들의 종자이기도 하다. 그렇지만 어린이청소년 영역은 한국의 어린이 복지영역에서나, 조계종의 불교신행과 포교 영역에서나 실질적으로 가장 소외된 분야다. 복지정책 지원에서 늘 후순위로 밀려나고 있다. 불교 포교현장에서도 오랫동안 지원해야 결실을 볼 수 있다 보니 관심에서 멀어지고 있다. 한 어린이가 성인이 될 때까지 20년은 족히 애정을 쏟아야 한 사람의 불자가 탄생하니 대부분 두 손 두 발을 놔버리는 셈이다.

이미 인구절벽의 시대가 왔다. 세상이 어린이청소년을 향한 관심을 부르짖지만 실질적 지원은 아직 너무 미진하다. 가장 소외된 어린이청소년 포교현장은 포교활동의 장으로 가장 소중하다. 지속적으로 전폭적인 지원을 해야만 한다. 평소에도 어린이청소년 포교에 몸담고 있으면서 매번 드는 생각이다. 이렇게 어렵고 절실한 어린이청소년 포교를 위해 정진 중이다.

조계종 포교사단 강원지역단 강릉팀 총무부터 시작했다. 강릉 총괄팀장, 강릉어린이청소년팀장, 강원지역단 사무국장, 사회복지 전문포교사, 어린이불교지도사, 청소년불교지도사, 선혜품계…. 지금까지 걸어온 길이다.

강원지역단 어린이청소년팀 활동은 숨 가쁘다. 어린이청소년법회부터 여름수련회, 주말 어린이청소년불교학교, 연꽃문화제와 부처님오신날 그림 그리기 대회, 나란다축제 어린이교리경시대회까지 전방위로 활동한다. 특히 불교사회복지사로서 어린이청소년 복지영역에서 불교 프로그램을 진행하고, 가장 중요한 어린이청소년 인권옹호라는 길을 걷고 있다.

모든 생명은 존중받아 마땅하고 존귀하다. 어린이청소년은 불교계뿐만 아니라 한국사회에서도 귀한 존재다. 어린이청소년 포교활동에서 최우선으로 삼는 점은 '어린이청소년 인권옹호' 실천이다. 그동안 세상은 오해와 편견 속에 살았다. 어린이청소년들은 불완전하고 보호받아야 하는 존재로 알고 있다. 어른들이 시키는 대로 받아들여야 하며, 어른의 말을 잘 들어야 착한 아이들이라고 말한다. 아이들은 주는 대로 받아야 한다고 알고 있다.

그러나 시대가 변했다. 이제는 어린이청소년 그 자체가 바로 부처님이다. 부처님의 가르침이 인권의 가르침, 즉 인간 존엄에 대한 가르침다. 부처님은 탄생 후 사방 일곱 걸음을 걸은 뒤 오른손은 하늘을, 왼손은 땅을 가리키며 외쳤다.

천상천하 유아독존 삼계개고 아당안지
天上天下 唯我獨尊 三界皆苦 我當安之

유명한 탄생게誕生偈다. 부처님은 세상의 모든 이들이 참된 나,

불성을 가진 존귀한 존재임을 천명했다. 어린이청소년을 천진불이라 부른다. 스스로 부처님을 닮아가는 길을 걷는 존재로서 존중해야 한다. 어린이청소년의 인권을 바라보는 불교적 관점이다. 이제 어린이청소년 포교는 '어린이청소년 인권 옹호'라는 새로운 패러다임을 실천해야 할 시점이다.

어린이청소년 포교라는 길을 걸으면서 간절히 되묻곤 한다. 자신에게 던지는 근원적인 질문이다. 누구나 어린 시절을 보내고 청년기, 중장년기를 살고 노년기로 간다. 나 역시 그렇다. 그런데 변하지 않은 이 마음은 아직도 어린이청소년기에 있는 천진불 마음이다. 도대체 변하지 않은 이것은 뭘까.

일 열심히 하고, 기도 잘 하고, 삼천배 하고, 등도 꼬박꼬박 달고, 보시하고, 불사 잘 동참하면 신행 잘하는 줄 알았다. 둘러보니 다들 그렇게 하는 것 같았다. 그게 불교라 믿었고 틀리지 않은 신행이라고 믿었다. 그러면 되겠거니 했다. 신심이 깊어져서 그랬을까. 원인 모를 갈증이 생겼다. 옛날부터 품고 있었던 의심이 모락모락 피어나기 시작했다.

할머니가 간절히 절하는 모습에서 본 그 전율…. 열심히 신행생활을 지속하는데도 왜 아직 그 전율을 느끼지 못하는지 몰랐다. 답을 찾고 싶었다. 불교대학에 들어가 제대로 공부하면 여러 가지 문제를 풀 수 있으리라 믿었다. 부처님 가르침을 체계적으로 배운 뒤 포교의 원력을 세우고 포교사가 됐다. 포교사로서 열심히 활동도 했지만 답을 향한 목마름은 여전했다.

'이 길이 아닌가? 왜 마음에 생긴 갈증이 풀리지 않을까?' 오히려 더 괴로워졌다. 모든 게 잘못돼 보였다. 모든 일과 사물, 현상에 근본적인 질문을 던지기 시작했다. 악순환이었다. 괴로움이 괴로움을 낳았다. 번뇌가 번뇌를 불렀다. 그럴수록 더더욱 답을 구하게 되는 시간이었다. 그래도 멈춰 서 있는 것보다 가는 게 좋고, 가다보면 길이 보이리라 믿었다.

몇 년이라는 시간이 흘렀고, 새로운 공간속에서 살아도 달라지지 않고 질문은 그대로 남았다. 그래도 무소의 뿔처럼 걸어가고 있다. 포교사가 되기까지 부처님 가르침과 신행 그리고 사회적 실천 교육을 받았다. '포교가 곧 수행, 수행이 곧 포교'라는 굳은 믿음 위에서 전법활동을 펼치고 있다. 근원적 물음에 대한 해답, 오직 '깨달음' 그 하나를 위해서다. 상구보리上求菩提와 하화중생下化衆生이 같고, 전법과 깨달음이 서로 같듯이, 법을 실어 나르는 수레의 두 바퀴이리라.

하얀 연꽃의 뿌리는 선남자 선여인이라는 선근이다. 흙탕물 속에서 한줄기 가지만 오롯이 물 밖으로 뻗어내 연꽃을 피우고 주변은 연잎이 두루 함께한다. 만개한 연꽃 안에 있는 씨앗을 본다. 이 자그마한 씨앗 속에 뿌리가 있고 잎이 있고 꽃이 있고 맛이 있고 향기가 있다. 작은 씨앗 한 알이 모두를 품고 있다. 씨앗을 둘로 쪼개면 씨눈이 있다. 진정한 실상이다. 모든 것을 다 품고 있는 근원이다. 실상을 놓지 않고, 전도몽상顚倒夢想의 길로 들어서지 않겠노라 발원해본다. 사람은 누구나 행복을 찾고, 행복이란 주는 마음과 감사하는 마음이다. 부처님 가르침을 따라가며 걷는 이 길이 실상을 깨닫는 길이자 행복이다. 그 행복을 찾는 길을 격려해주는 일이 포교다.

어린이청소년 인권옹호를 위해 포교활동을 지역사회로 확대했다. 중앙시장과 성남시장은 강릉의 중심 전통시장이다. 이제 저 잣거리에서 부처님 가르침을 함께 나누고 있다. 사람 냄새 진하게 나는 전통시장에서 일을 벌였다. '4차 산업혁명시대 행복한 삶으로 안내하는 법화사상'이라는 무료 인문학 강좌를 개설했다. 무료 차공양은 물론 시장쉼터의 장으로 문을 열어 놓으니 시장을 찾는 사람들 발길이 잦다. 이 조그마한 장소에서도 아이들과 부모님들, 지역사회 주민들 누구나 부처님을 만날 수 있게 됐다.

세상에서 존귀하고 위대한 천진불, 어린이청소년을 위해 더 많은 포교사들이 가정에서, 이웃에서, 지역사회에서 부처님 가르침을 나누길 희망한다. 그래서 행복하게 살아가는 힘을 얻고, 같이 걸어가는 모습을 그려본다. 참으로 행복한 삶을 살 수 있기를 서원한다. 이렇게 글로 마음을 나눌 수 있어서 감사하다.

진리의 길

경안 **최기철**

절은 그저 절. 그 이상도 그 이하도 아니었다. 항상 할머니들과 스님들 그리고 수많은 관광객들로 북적이는 곳이었다. 밥을 그냥 주는 곳, 염불 소리가 끊이지 않는 그런 장소가 절이었다. 불교와 첫 만남도 북적이는 그런 시간과 공간이 뒤섞인 기억이다. 학교 소풍 장소가 줄곧 절이었다. 불교문화재를 본다거나 설명을 듣거나, 부처님 가르침을 배운다기보다 단지 많은 학생이 들어갈 수 있는 공간이 필요했을지 모른다.

　나이를 먹고 사회 생활하면서 인생의 쓴맛도 보고 좌절을 겪어보니 공허함을 느꼈다. 거창할 것 없지만 인생의 허무함이랄까.

복잡한 감정이 실타래처럼 얽혔고 나름 정리도 해봤지만 수많은 오류를 거쳤다. '진정한 진리란 무엇일까? 나는 왜 여기서 허우적대고 힘들어하며 남 탓만 하고 있을까…' 문득 자각했다.

교회를 나갔다. 많은 사람들이 함께 하나님을 예찬하고 노래를 부르며 "아버지, 아버지"를 부르짖는 모습은 적지 않은 충격이었다. 한 인간의 애절한 구애의 외침으로 다가왔기 때문이다. 기도 후 같이 밥을 먹으며 이야기를 나눴고, 때론 가슴 아픈 일을 자신의 일처럼 슬퍼해주기도 했다. 마음 따뜻한 분들도 많았고 배려와 사랑이 있었다. 하지만 기독교 성서를 공부하면서 사랑보다는 분노와 화가 나를 불태우기 시작했다. 목사는 무조건 하나님의 가르침을 따르라고 했다.

어떤 명확한 방향이나 진리 탐구의 길을 향한 목마름에 시달렸다. 자신감 있는 걸음걸이로 거리를 걷는 스님과 마주했다. 주위 시선에도 거리낌 없이 당당한 그 모습은 알 수 없는 느낌에 사로잡히게 만들었다. 온갖 거짓 속에서 약하지만 굳건히 살아 숨쉬는 진실의 형상을 본 것 같았다.

어느 날 교회를 마치고 집으로 돌아오면서 껍데기만 남아있는 내 모습을 보게 되었다. 진실하지 못한 내 모습에 역겨움이 났다. 그 순간 내 발걸음은 절로 향하고 있었다. 뭐랄까. 이제 더 이상 가식적으로 살기 싫다는 어떤 욕망이 절로 이끌었다. 결국 오전에는 교회, 오후에는 절. 이런 두 집 살림을 이어가던 중 교회 나가는 일을 관뒀다.

사시예불에 처음 참석하면서 지심귀명례와 정근을 알게 됐다. 부처님께 진심으로 다가가려는 스님과 보살님들의 정성스러운 백팔배는 겉돌았던 신행에 채찍을 가했다. 경전 속 부처님 말씀은 거짓된 욕망과 헛된 욕심에서 허우적대고 있는 나를 정확하고 날카롭게 짚어냈다. 지장보살과 만남은 내 삶을 송두리째 바꿔버리는 계기였다.《지장경地藏經》을 읽으면서 모든 중생이 성불하지 않으면 자신 또한 성불하지 않겠다는 큰 원력과 깊은 뜻을 접하고는 이기적으로만 살아왔던 지난 시간을 되돌아보았다.

한 가지 생각이 크게 바뀐 것도 있다. 그동안 집에서만 하는 의식으로 여기던 제사를 다시 바라보게 됐다. 백중이라고 해서 음력 7월 15일, 절에서는 하안거를 마친 스님들이 영가를 천도한다. 천도의식을 보면서 삶과 죽음 모든 순간에 부처님의 사랑과 가르침이 공존한다는 것을 느꼈다. 특별한 설명이나 교육이 아닌 몸으로 몸소 보여주는 스님, 진심으로 영가들을 위해 기도하는 보살님들의 정성이 무척 경건했다. 처음도 좋고 중간도 좋고 끝도 좋은, 중생제도를 위한 쉼 없는 부처님 가르침을 보게 되는 신비한 경험이었다.

그렇게 내게 불교가 다가왔고 나 역시 불교에 다가갔다. 조금이나마 사회에 헌신할 수 있는, 혹은 좀더 부처님 가르침을 많은 사람들에게 알릴 수 있는 방법은 무엇일까? 삼보에 귀의하고 부처님 가르침을 배우고 행동으로 옮기는 이 모든 과정이 진정한 불교 교리가 아닌가 싶다. 포교사를 알게 됐고 부처님으로 가는 길을 보게 됐다. 불교와 삶의 관계를 더욱 돈독히 하고 싶다. 삶 속에 부처님 가르침을 녹여 의식하지 않을 때도 누구에게나 자비와 사랑으로 대할 수 있는 참불자로서의 자세를 갖는 게 소임이라고 생각한다.

"옴 아모가 바이로차나 마하무드라 마니 파드마 즈바라 프라 바를타야 훔…."

이 주문을 항상 몸에 지니며 마음의 죄를 짓지 않고자 노력한다. 항상 청정한 생각, 다른 사람의 잘못을 너그러이 용서하는 마음, 다른 사람을 미워하지 않는 마음을 간직하고자 정진, 또 정진하겠다.

평생의 원력

덕장 **최복천**

서울 지역단 염불봉사팀

스님 두 명씩 5일 동안 집에 와서 염불을 해줬다. 할머니가 운명하고 5일장을 치를 때였다. 부모님이 생전에 다녔던 서울 도선사 스님들이었다. 사십구재도 도선사에서 지냈다. 저녁참으로 나온 비빔밥이 이제까지 먹은 비빔밥 중 제일 맛있었던 기억으로 남았다. 그만큼 부처님과 난 어렸을 때부터 깊은 연결고리로 묶여 있었다.

서울 화계사로 재적사찰을 옮긴 이유는 단순했다. 어디든 부처님 도량이었지만, '도선사 가는 길이 멀고 힘드니 화계사를 다니거라'는 아버지 유언 때문이었다. 당시 도선사 오르는 길은 상당히 거칠고 불편했다. 1996년 아버지가 운명했고, 화계사에서 사십구재를 했다. 주지스님이 진암 스님이었는데 재를 참 잘 치러줬다. 그때부터 이어진 화계사와 인연으로 신도회장 역임 등 각종 소임을 맡게 됐고, 50년 넘게 이어졌다. 젊어서는 운허, 관응, 탄허, 경산, 지오 스님 등 큰스님 법문을 줄곧 들었다. 사십구재도 많이 참석해봤다. 숭산 스님께 참선을 지도받았고, 독참으로 점검 받기도 했다.

화계사에서 봉사와 소임을 살다 1995년 삼풍백화점 붕괴 참사를 접했다. 많은 사람들이 목숨을 잃었던 아픔이기도 했다. 도반인 아내와 염불봉사를 했다. 가족을 잃은 슬픔에 빠진 유가족과 죄 없이 죽은 이들을 위해 뭔가 해야겠다는 생각뿐이었다. 비록 서툰 염불이었지만 밤낮 가리지 않고 영가들 원혼을 달랬다. 한 달 동안 백화점 인근 학교에서 생활하면서 하루도 거르지 않고 염불봉사에 동참했다.

그 무렵, 불자들이 상을 당하면 두렵고 외로운 마음에 불안함을 느껴 종교를 바꾼다는 말을 자주 들었다. 한국불교계에서 장례문화 대비가 없다면 노년층 불자마저 잃을 수 있다는 위기감 같은 게 조성된 때였다. 숭산 스님에게 지도를 받았지만, 참선보다는 염불이 근기에 맞다는 생각도 있었다. 마침 서울 화계사 신도회장직 임기도 끝났다. 이제 내가 부처님 은혜에 보답하기 위해 무엇을 하며 여생을 보낼까 고민하던 시기이기도 했다. 1996년 일이니, 초발심이 20년 넘는 세월 동안 익어간 셈이다.

1997년 불교자원봉사연합회에서 원왕생(시다림의식) 교육을 받았다. 염불포교를 본격적으로 시작했다. 내친김에 1998년 포교사가 됐다. 당시 불교어산작법학교 교장인 인묵 스님에게 초급과 고급반 교육을 받고 나니 염불포교에 더 자신이 생겼다.

처음엔 시간이 흘러 세연을 다한 자연사를 자주 접했다. 하지만 점차 세상이 복잡해지고 편의를 위한 기계들이 살생도구가 되어갔다. 현대의학으로도 고치지 못하는 병이 생기기도 했다. 교통사고를 비롯한 각종 사고와 자살 그리고 불치병으로 죽은 영가를 더 빈번히 만나게 됐다. 가정이 넉넉하지 못한 영가를 만나면 더 간절해지는 마음은 어쩔 수 없다.

망자와 마주할 때면 '이 다음에 나도 저런 모습으로 되지 않겠나' 그런 생각이 든다. 태어난 사람은 반드시 죽는 게 만고의 진리다. 태어날 땐 시간과 장소를 예상할 수 있지만 죽을 때는 순서가 없다. 항상 죽음 준비가 필요하다. 임종염불에 더 간절히 임하는 이유이기도 하다. '나와 인연 있는 영가에게 열심히 부처님 법 전해서 왕생극락하도록 더 정진하자'고 늘 발원한다. 또 '나와 인연 있는 영가들 왕생하게 해달라'고 부처님께 기도한다.

"부처님, 지난 생과 금생에 지은 죄업은 남김없이 소멸되고 생전에 못다 한 수행공덕은 원만구족케 하여 서방정토에 곧게 이르게 하소서."

염습할 때 안치실로 내려가서 주로 염불한다. 시신, 즉 영가 옆에서 염불한다. 내 뒤는 신장님이 지켜주신다는 생각에 든든하다. 실제 신장님 보호를 받기도 했다.

내게 2005년 겨울은 아찔했다. 그날도 여느 때와 다름없이 염불봉사를 나가던 찰나였다. 겨울이었고, 새벽이었고, 순식간이었다. 새벽길 나서다 봉고차와 정면으로 충돌했다. 내 몸은 저 멀리 튕겨져 나갔고, 차는 그대로 도망쳤다. 멀어져가는 의식을 부여잡고 번호판을 외웠지만, 정신을 차려보니 병원이었다. 발목이 골절되고 머리는 여섯 바늘을 꿰맸다. 성난 들소처럼 달려온 차와 부딪쳤는데, 죽지 않고 그만하니 다행이었다. 가피였다. 신장님이 지켜주신 덕분이다. 하지만 그 와중에 어머니가 돌아가셨고, 발에 깁스한 채 장례를 모시게 돼 큰 불효를 저지른 것 같다.

그럼에도 지금까지 한 번도 염불봉사포교를 그만두고 싶다는 생각을 해본 적이 없다. 어떤 스님이 시신 안치실에서 염불하면 두렵지 않냐고 물으셔도 "신장님과 부처님이 뒤에 계신다"며 웃는다. 망자와 대면한 채 1시간 넘게 염불하고 나면 온몸에 진이 다 빠지지만 염불은 내 운명인 것 같다.

수도권과 전남, 경북, 충청 등 전국 60여 곳 장례식장과 상가에서 염불봉사를 했다. 지금까지 염불봉사 횟수가 2,100여 회가 넘었다. 2018년이면 염불봉사만 23년째다. 한 달에 22회 염불봉사를 나간 적도 두 차례나 된다. 어떤 날은 하루 서너 번 염불봉사를 하기도 했다. 영가를 위한 염불이다 보니 항상 대기상태다. 그

흔한 모임 하나 갖지 않는 이유다. 일상서 1순위가 염불봉사다.

도반인 아내는 은사 숭산 스님께 받은 화두를 아직도 참구 중이다. 내 근기는 염불봉사가 맞는 것 같다. 오래 다니다 보니 보람도 느낀다. 인연이 두터워지면서 염불을 부탁하는 불자들이 적지 않다. 가족 대부분 영가에게 염불을 해 드린 적도 있다. 내가 찾아가면 두 손 맞잡으며 마음이 놓인다는 말을 해주는 분들도 있다. 두렵고 초조한 마음으로 있는 유가족들이 염불을 해준 후 편안해지는 모습을 보일 때 말할 수 없는 뿌듯함을 느낀다.

특히 기억에 남는 가족이 있다. 고인이 된 분은 불자였지만 자식들은 종교가 달랐다. 영가는 수십 년 날마다 화계사를 오르내렸지만, 세 명의 아들은 전부 가톨릭 신자였다. 자식들에게 연락이 왔다. 생전에 아버지가 불자였기에 불교 방식으로 장례식을 하고 싶다고 염불을 청해왔다. "잘 생각했다"며 격려하고 성심 성의껏 염불했다. 나중에 자식들은 아버지 사십구재도 화계사에서 치렀다. 나중에 그들이 부처님과 부처님 가르침 그리고 승가에 귀의했을 땐 정말 이 길에 발 디디고 노력해온 보람과 환희심마저 일어난다.

상 내지 않고 염불봉사를 해왔지만 발심을 더 단단히 해준 작은 계기도 있었다. 2015년 9월 설악산 신흥사 대불전에서 거행된 제13회 팔재계실천대법회에서 포교사 염불봉사 활동 공로로 총무원장 표창을 받았다. 적지 않은 나이였다. 보청기를 착용하고 큰 소리로 의사소통을 해야 하지만 끈을 놓지 않고 있는 원력을 응원해준 것이리라 믿는다.

큰스님 말씀처럼 태어남은 구름 한 조각 일어나는 일이다. 죽음도 한 조각 구름이 스러지는 것뿐이지 않은가. 하지만 현생의 업장이 다음 생을 결정하니 잘 살아야 한다. 불교에 귀의한 뒤로는 술, 담배 모두 끊었고 50년이 넘었다. '불자는 다르다'는 사실을 보여줄 수 있는 작은 실천이다. 내겐 염불봉사도 마찬가지다.

70세까지만 하려던 염불봉사였다. 어느덧 세수 80이 됐다. 건강이 허락하는 날까지 염불을 해야겠다는 원을 다잡아 본다.

내 아이를 생각하며

무류지 **최성유**

강원 지역단 교정교화팀

좌절했고, 주저앉았고, 세상도 바닥으로 꺼졌다. 분하고 억울했고, 초등학교 6학년 딸아이를 양육해야 했고, 신용불량자가 됐고, 살아야겠다는 의지조차 잃어버렸다. 2003년 가을, 난 망했다. 누군가는 모 스님이 용하다며 권했고, 누군가는 조용히 책을 보냈다.

교수인 지인이 자기가 보던 거라며 책과 테이프를 한 박스 보내줬다. 손때가 얼룩얼룩 묻은 무비 스님의 《금강경》 초판과 큰스님들 법문 테이프가 들어있었다. 눈에 들어오지 않았다. 한 쪽으로 밀쳐놓았다. 하지만 불연은 끈질기게 따라왔다.

어느 산중에 들어가 우연히 만난 보살이 던진 말 한마디가 목에 걸렸다. "이런 데 돌아다니지 말고 불교대학에서 정법을 공부하세요." 그 말은 낮고 부드러웠으며 은밀했다. '어떻게? 공부? 불교대학? 무슨 돈으로?' '정법'이라는 한 단어 가슴에 새기고 내려온 친정집에 틀어박혀 머리카락만 쥐어뜯고 있었다. 문득 지인이 보내온 《금강경》이 눈에 들어왔다.

첫 장을 열었더니 밑줄 친 흔적과 메모가 빼곡하게 보였다. '불교를 공부한다는 것은 우리의 인생과 삼라만상의 진실을 밝혀나가는 일입니다.' 휙, 던져버렸다. 떨어진 《금강경》은 '제16분 능히 업장을 깨끗이 함'을 펼쳐 보였다. 《금강경》을 들었다. 16분을 읽기 시작했고 정신없이 정독하며 빠져들었다.

1년이 꿈같이 흘렀다. 서울 대학로 소극장에서 주연도 하며 무대에 올랐고, 방송생활도 간간이 하면서 화려하고 자유분방하게 살았다. 그 모습을 알던 친구가 화장기 없는 얼굴로 해맑게 웃는 내 모습에 "정신 차려"라며 울먹였다. 난 새롭게 태어났다.

사진촬영이 취미인 지인과 함께 찾아간 산사는 눈물이었다. 제천 금수산 정방사, 의례적이고 어설프게 했던 삼배가 끝나자 지장보살이 눈앞에 와 있었다. 미소를 짓고 있었다. 슬슬 내려가자는 지인의 말에 바로 올라가서 기도해야겠다고 마음먹었다. '그냥 하면 되나? 뭘 준비해야 할까?' 관음전 앞을 지날 때였다. 시선만 마주친 스님이 "백팔배는 하고 가시나요?"라고 물었다. "오늘은 어렵고, 며칠 내로 기도를 하고 싶은데 그래도 될까요?" "그럼요. 언제

든지 환영입니다." 그 한마디는 자비로움이었고 격려이자 다독임이었다.

이틀 만에 다시 올라간 정방사, 지장전에서 결판을 내고 싶었다. "못되게 살지 않았어요. 남 해코지도 안 해봤고, 뭐가 잘못돼서 이 모양 이 꼴인지 알아야겠어요. 하나님이 계시면 하나님이 알려주시고, 부처님이 계시면 부처님이 알려주세요. 그 해답 못 찾으면 이 자리에서 죽을 작정이거든요." 기도하는 방법을 모르니 무작정 절을 했다. 잘못이 무엇인지 알려달라는 간절함에 삶을 향한 열망이 있었던 것 같다. 서럽도록 눈물이 났다. 미친 듯 절하던 순간, 잘한 것이 하나도 없는 과거가 영화 필름처럼 스쳐갔다. 결국 "잘못했습니다, 부처님"이 나왔고 "감사합니다, 부처님"이 나왔다. 정방사의 하루는 짧았다. 그날 밤, 밤새 눈물을 흘렸다.

난 학원을 보낼 수도 학비를 낼 수도 없는 빚쟁이 엄마였다. 품삯으로 한 달 한 달 연명하는 것보다 내 잘못과 어려움을 극복할 용기와 지혜가 더 절실히 필요했다. 연로한 모친에게 딸아이를 맡겨두고 죽든 살든 결단을 내야겠다고 들어왔던 정방사였다. 기도는 낮과 밤이 없었고 쉼도 없었다. 기도 방법은 몰랐지만 오히려 더욱 더 절실하고 간절했다. 하루 이틀, 하나둘씩 꼬인 실타래가 풀리듯 고통의 매듭이 풀려나가기 시작했다.

어느 날, 알 수 없는 번호로 전화 한 통이 걸려왔다. 어려서 모르겠지만 같은 동네에서 자랐고 초등학교 선배라는 사람이었다.

이상한 사람은 아니니 차 한 잔 하자고 했다. 원주불교산악회장인데 스님의 소개로 연락하게 되었다고 한다. 그분의 끈질긴 설득에 원주불교산악회 인터넷 카페운영을 맡았다. 정상 등반을 못하는 회원들과 절에서 기도하는 모임을 만들었다. 하산 시간에 맞춰 1080배 정진,《금강경》독송 등 신행은 이렇게 시작됐다.

1년 정도 지나 주변 도움을 받아 원주불교대학에 입학했다. 어렵게 시간과 학비를 내서 시작한 공부인 만큼 열과 성을 다했다. 나를 불교로 이끌어 준 것은 내 절망이었고, 신행에 깊이와 배움을 더하고 나누도록 이끌어 준 사람은 원주불교산악회장, 지금은 조계종 4교구본사 월정사 교구신도회 김봉영 수석부회장이다.

불교대학을 졸업했다. 스스로에게 묻고 물었다. 왜 포교사가 되려고 하는가. 그만 둘때는 언제며 무엇 때문에 그만 둘 것인가. 포교사 고시 당일 아침을 그렇게 맞이했다. 간신히 찾은 답은 확신할 수 없었다. 1년이 흘렀고, 환희심에 들떠《금강경》을 가슴에 안고 산중에서 보낸 시간이 삶의 일부였음을 깨달았다. 어떤 상황에도 어떤 사람에게도 흔들리지 않고 그만두지 않겠다는 확신이 섰다. 나처럼 죽고 싶을 만큼 벼랑 끝에 몰린 사람들에게 이런 말을 전하고 싶었다. "한 생각 바꾸니 극락이고 한 생각 잘못하면 지옥문이 열린다."

어린이청소년팀에 배정됐다. 어린이청소년 포교를 강조하면서 정작 관심은 적었다. 현실은 이렇게 달랐다. 법회조차 없이 시간만 흘러가고 있었다. 발품 팔아 뛰어다니다 치악고 김준수 선생님을 만났다. 파라미타 동아리에서 학생들에게 불교와 문화재를 알려 주고 봉사활동을 하고 있었다. 한 달에 한 번 함께 청소년법회를 진행하기로 했다.

그렇게 물꼬를 튼 청소년법회는 치악고, 문막중, 영서고, 상지여중, 원주여고 등으로 퍼졌고, 학생들은 하나둘 친구 손을 잡고 찾아왔다. 원주 시내에서 조금 떨어진 사찰이라 교통편이 좋지 않았다. 학생들이 삼삼오오 모여 콜밴이나 택시를 이용해 오는 정성이 갸륵해 차비를 해결해주거나 선생님들이 차에 태워 오기도 했다. 그렇게 법회가 완성돼 갔다.

사단법인 청소년육성회 원종복 회장, 최종성 사무국장과 인연이 닿아 소외계층 아이들을 돕는 모임을 같이하기도 했다. 원주경찰서 여성·청소년과와 협조해 지역 소년소녀가장, 조손가정, 한부모가정, 저소득층 아이들을 위한 일로 확대됐다. 아이들의 고민이었던 교복과 체육복, 학용품 등을 지원했다. 또 행복바라밀을 통해 라면을 전하고 '청소년 축제'를 여는 등 지역 청소년과 시민이 한데 어우러지는 데 역할을 했다. 청소년 유해환경감시단 활동 우수사례 장려상에 선정돼 여성가족부장관 표창을 받는 영광도 누렸다. 내 아이가 중학교에 입학할 때 교복 한 벌 마음 놓고 사 입히지 못할 때 마음이 떠올라 시작한 일이었는데 감사함이 몰려왔다.

학생들과 어울리며 서로를 더 많이 알아가고 즐거운 기억들이 쌓여갔다. 유익하고 재밌는 법회를 만들고 싶어 흥미로운 설화도 한 번 더 찾아보게 됐다. 놀이하듯 만다라 만들기를 하는 등 지루할 틈이 없게 법회를 변화무쌍하게 운영해갔다. 존칭이 낯설다는 학생들을 위해 서로 평등한 위치에서 대화를 나눴고, 줄임말을 배우는 노력을 보이자 학생들은 웃으며 마음을 열었던 것 같다. 부처님오신날 다 함께 정근목탁을 치며 연등행진도 했고, 사찰 예절을 배웠고, 불교 역사도 익혔다. 템플스테이가 취소돼 철야기도를 제안했는데 학생들은 두말없이 동참해줬다. 칼바람 부는 겨울밤 치악산 산사에서 백팔배 참회, 《금강경》 독송, 참선, 새벽예불까지 무사히 회향했다. 기특했고 대견했다. 포교사로서 뿌듯함도 느꼈다.

어린이청소년팀장 4년 소임을 마치고 원주 총괄4팀장직을 수행했다. 전문포교사와 선혜품계도 품수했다. 화려한 겉옷보다 무릎 나온 법복바지가 이렇게 잘 어울릴 줄이야.

죽음의 경계에서

청목 홍승우

이번 생, 잘 살고 싶다. 불교는 내게 있어 나침반이다. 부처님의 수승한 가르침이 내 인생에 최적화 되도록 노력하며 살고 싶다. 그렇게 해서 이번 생을 마친다면 어떨까. 윤회가 끊어진다면 얼마나 좋을까. 비록 윤회가 끊어지지 못 한다고 해도 마음 아프진 않을 것 같다. 이번 생에 부처님과 인연이 다음 생에서 더욱 더 견고해진다면 그것도 참 좋겠다.

불교를 받아들이고 이해하는 데에는 계기가 있었다. 10년 넘게 다니던 직장을 그만둔 그해 겨울, 마지막 날 눈길을 올라 찾았던 곳이 바로 절이었다. 당시 불자가 아니었지만 알 수 없는 이끌림에 찾아가지 않았을까. 돌이켜보면 그런 것 같다. 이전에도 두어 번 혼자서 잠시 찾았던 기억이 있는 그 절이었다. 그리고 그뿐이었다.

그렇게 또 잊어버리고 1년을 흘려보내던 어느 날, 엄마를 따라 다시 발길한 곳이 그 절이었다. 불교 입문반을 수강하게 되고, 청년회를 나가 법문을 듣고, 도반을 만나 함께 예불에 동참했다. 3개월 뒤, 난 그 절에서 직원으로 근무하게 됐다.

이게 인연이라는 걸까. 인연을 맺고 부처님을 만나고 그리고 얼마 지나지 않아 큰 병을 얻었다. 좋은 게 결코 좋은 게 아니었다. 배 안에 물이 찼다. 병원도 힘들게 찾아갔다. 의사는 별안간 암 선고를 내렸다. 끔찍하게 고통스러운 항암치료를 견뎌야 했다. 어렵게 부여잡고 있던 직장에서 선임자로부터 받은 서글픔과 서러운 감정들이 물밀 듯 밀려왔다. 또 바닥을 헤매던 자존감… 어디에 마음을 의지할 곳 없었고, 모든 게 참 많이 억울했다.

이 또한 지나가리라. 도저히 버틸 수 없게 고통스럽던 항암치료 시간도, 모두 빠져버린 머리카락도 죽음의 문턱에서 초조하던 감정도 3년이라는 시간과 함께 지나갔다. 큰 수술로 평생 가져갈 후유증은 얻었지만. 이렇게 진을 한 번 빼고 나니 비로소 부처님 말씀이 온전히 들어왔다.

억울했던 감정들은 참회로 풀렸다. 업장이라는 말을 이해 못했던 내게 드디어 마음빗장이 열렸던 것이다. 원인이 있으니 결과가 있을 테고 내가 원인이었고 내가 결과였다. 과거 생에 지은 내 잘못을 참회하고, 현생에 내가 알고 지었던 모르고 지었던 모든 잘못을 참회했다. 그러다보니 내면에서 어떤 질서가 생겨났다. 그 질서는 다름 아닌 부처님 가르침을 향해서 따라가는 길이다. 그 길 위에 서서 묵묵히 발걸음을 내디딜 뿐이다.

그저 말로만 듣고, 말로만 하는 시간들이 반복이었다면 달랐으리라. 신심이 이만큼 와 있지는 못했을 것이다. 길지 않은 시간을 병마로 고통받고 죽음의 문턱에 서보니 확연히 달랐다. 사성제, 팔정도 등 불변의 진리를 깨달은 부처님 가르침은 그래서 내게 나침반과 같다.

누구나 생로병사의 고통을 겪는다. 태어나 늙고 병들어 죽는다. 누구나 죽는다는 삶의 여정을 피해갈 수 없다. 현재 언제 어떻게 암이 재발될지 모르는 시간을 보내고 있다. 하지만 이제는 처음 암이 발병됐다는 사실을 알았을 때보다 죽음이 마냥 두렵지만은 않다. 죽음이 끝이 아니라는 가르침을 배웠고 알았기에 계속해서 부처님 법을 향해 다가가고 싶다.

이렇게 자비로운 부처님 가르침을 만난 인연 자체가 가피라고 생각한다. 그리고 점점 자라고 있는 내 안의 불성의 씨앗을 느끼면서 행복하다. 《불설아미타경》을 읽다보면 크게 공감하는 구절이 있다. "시대가 흐리고, 견해가 흐리고, 번뇌가 흐리고, 수명이 흐린 이 사바세계의 오탁악세!" 우리는 모두 그런 시대를 살고 있는 중생들이다.

변화가 빠른 시대를 살고 있고, 성찰의 시간들도 너무 빠르게 지나가 버리는 듯하다. 하지만 우리가 항상 잊지 말아야할 것이 있다. 아주 희박한 확률을 가지고 인간의 몸을 받고 지구에 태어난 사람들이다. 인간의 몸 받고 태어나기가 그토록 어려운 일이라고 하는데, 그 어려운 것을 해낸 우리가 이 오탁악세를 만나 흐린 견해로 인해 바른 진리를 등지고 살고 있다.

본래 내가 부처인데 그런 줄 모르고 살고 있는 중생으로서, 부처님 법을 나침반 삼아 무명을 걷어 올리고 한결같이 정진하는 부처님 제자가 되어야겠다. 불자가 아닌 더 많은 사람들이 자신 안에 가지고 있는 부처님을 느끼고 만났으면 좋겠다.

인연을 거울 삼다

도재 황문숙

내게 부처님은 새벽 어스름처럼 불투명하게 다가왔다. 불교를 처음 접한 것은 친정어머니의 새벽기도였다. 어머니의 기도는 새벽 일찍 일어나서 촛불 밝히고 향 피우면서 시작됐다. 어린 시절에 알아듣지도 못하는 주문 같았던 그 기도는 잠결이라도 내 마음속에 고스란히 남았던 것 같다. 훗날 절에서 신묘장구대다라니가 내 입에서 나도 모르게 술술 나오게 됐으니 말이다.

어머니는 몇 해 전 돌아가시기 전까지 새벽기도하며 삶 속에서 부처님 말씀대로 실천하고 살아왔다. 노보살로서 팔순이 넘어서도 늘 부처님 말씀 새겨진 경전을 읽고 주변 모든 사람들이 행복하기를 기원하던 분이다. 그 어머니에게서 불교를 접했다. 난 어리석었다. 부처님 가르침을 공부하면서 어머니에게 염불만 할 게 아니라 "내가 누구인지, 참선을 해야 한다"고 감히 권했던 아주 어리석은 딸이었다. "성불하옵소서."

일곱 살 때 아버지가 돌아가셨다. 내게 아버지는 어머니였다. 일 나가며 어머니가 짜놓은 젖을 숟가락으로 떠서 먹이고, 기저귀 갈아주고, 손수 나를 키운 아버지였다. 몸이 불편해 바깥일을 할 수 없어 집안일을 했고, 어머니가 장사를 나갔다. 그 아버지가 돌아가시면서 난 홀로 남았다. 일 나간 어머니가 늦은 시간에 돌아올 때까지 집에서 기다리는 내 어린 시절은 외롭고 불안했던 기억이다. 누구에게도 지는 것을 싫어했던 나는 악바리처럼 약한 모습을 보이지 않으려고 강하게 또 강하게 살았다.

아버지 없는 아이라는 말을 듣지 않기 위해서 반듯하게 행동해야 했다. 뭐든지 잘 해야 했고 애를 써야만이 기회가 온다고 느꼈던 시절이었다. 그래서 내게 오는 기회는 어떻게든지 내가 원하는 방향으로 바꾸려고 노력했다. 그러다보니 내가 원하는 대로 될 때는 기뻤지만, 뜻대로 되지 않을 때는 나를 자학하면서 사는 삶이 되어 가고 있었다. 막내로 누구보다도 부모님과 형제들에게 사랑을 받았지만 난 늘 힘들다고 느끼면서 살았다.

결혼을 하게 될 무렵, 난 아버지처럼 믿을 수 있는 사람을 배우자로 원했다. 다행히 그런 사람 만나서 든든하고 사랑하며 살아가게 됐다. 그의 마음을 맞추려고 부단히 애쓰면서 살았다. 그도 내게 마음을 맞춰 살았지만 갈수록 서로 힘이 들었다. 남들은 내 삶을 부러워하기도 했지만 난 삶이 힘들었다.

어느 날 문득 이런 생각에 사로잡혔다. '난 왜 이렇게 괴로울까?' '난 누구일까?' '난 왜 이 세상에 태어났을까?' '남편도 나 자신도 편안하고 자유로워지는 길은 무엇일까?' 궁금했다. 부처님 가르침에 젖어들어 지낸 세월이 10년을 넘자 한 가지 사실을 어렴풋이 알게 됐다. "내 공부는 잘못됐다."

종자와 식물보호제 육묘장을 함께 하면서 가게에 오는 손님들을 바꾸려고 애썼다. 손님에게 같은 것을 드려도 좋은 결과가 나오기를 바라면서 하는 말과 행동들이었지만, 어떻게 그들에게 전달해야 하는지 제대로 모르고 좌충우돌 부딪히고 있었다. 참 어리석은 모습이었다. 손님과 부딪히는 마음이 어디에서 왔는지, 나의 고정관념이 무엇인지를 계속 살폈지만, 내 마음을 몰랐기에 어떻게 마음을 전해야 할지 몰랐다.

'난 누굴까?' '이 마음이 뭘까?' 아직 모르겠다. 난 일찍 사별한 아버지가 나를 버렸다고 판단했다. 지금까지 원망을 마음 밑바탕에 깔고 살아왔다는 것도 조금씩 알게 됐다. 내 근원을 원망하고 있으니, 내 삶은 괴로움의 연속이었다. 내 마음을 아버지에게 남편에게 의지하면서 내가 원하는 대로 해줄 때는 기뻐하고 아닐 때는 괴로워하는 노예의 삶을 살아가고 있었다. 어리석은 자신이 많이 부끄럽다. 하지만 내 앞에 오는 인연을 오로지 거울로 바라보며 자신을 돌아보고 싶다. 이제는 조금 가벼운 마음으로 살아가려 한다. 어떤 사람을 만나든지 조건 아닌 진심으로 상대를 대하고 정성을 다하고 싶다. 진정으로 얼마나 충만하고 거룩한 존재인지 깊이 느끼고 깨닫는 순간까지 부처님 가르침을 공부하고 수행하겠다. 내 앞에 오는 모든 인연들과 더불어 행복하게 살아갈 수 있기를 발원한다. 지금의 나를 있게 한 불법승 삼보에 귀의하고 스승님과 부모님, 온갖 모습으로 나를 돌아보게 한 소중한 인연들에게 감사드린다.